歴史文化ライブラリー

375

落書きに歴史をよむ

三上喜孝

吉川弘文館

目　次

落書きは歴史資料になりうるか——プロローグ

落書きとの出会い

山形県天童市在住の考古学者・川崎利夫氏から、「天童市の若松寺《じゃくしょうじ》観音堂（重要文化財）には、中世から近世にかけての参詣者の落書きが、壁一面に書かれている。それを、解読調査してほしい」と依頼があったのは、二〇〇七年（平成十九）のはじめのことであった。

「めでためでたの若松様よ」と、花笠音頭で歌われている若松寺は、山形県を代表する古刹である。最上《もがみ》三十三観音の一番札所としても知られている。寺伝によれば、和銅元年（七〇八）に行基《ぎょうき》が開基したとされ、二〇〇八年（平成二十）には開山千三百年という、節目の年を迎える。そうしたこともあって、この機会にと、観音堂の落書き調査の話が持ちあがったのであろう。二〇〇七年の四月から、天童市教育委員会を事務局として「若松寺墨書調査委員会」が発足し、一

図１　山形県天童市・若松寺観音堂

年間をかけて調査をし、その成果を、年度末に報告書として公表する、という方針が決定された。

お話をいただき、光栄である一方、いくばくかの不安があったこともまた、否定できない。私は、日本古代史を専門に勉強してきて人間であって、中世から近世にかけての資料を解読、分析することなどできるのだろうか、参詣者の落書きを解読することで、いったいどのようなことを明らかにできるのだろうか、そもそも、参詣者の落書きとはどんなものなのだろうか、などといった不安である。せっかくの依頼に十分に応えることができるのか、逡巡したのである。

そもそも、「落書き」は、歴史資料としてどのように活用できるのか。

いや、この疑問こそが、むしろ私をこの調査にかりたてたのかもしれない。文化財に対する落書きは、違法行為であり、処罰の対象となる。現代の感覚からすれば、落書きにはどこか「後ろめたさ」がつきまとう。それに、書かれる内容は、政治史や制度史などとは無縁な、脈絡のないものが多い。だから歴史学の分野でも、これまであまりとりあげられることがなかったのではないだろうか。

だが、見方を変えれば、落書きも歴史を考えるうえでの大きな手がかりになりうる。

それに気づかされたのは、日本古代史の研究者、平川南氏の次のような叙述である。

> ガードレールにカラースプレーで派手に『嵯蘇璃（サソリ）』と書いた、暴走族の落書きに驚かされたことがある。わざと画数の多い漢字をあてるのが、彼らの鉄則のようだ。漢字文化の荒廃が叫ばれているなかで、なんとも不思議な現象であるが、日本列島での漢字文化の流れをみてみると、この現象も理解できるのではないか（平川南『日本の歴史二　日本の原像』小学館、二〇〇八年）。

平川氏は、「古代社会における文字とは何か」という問題を問い直すことが、これからの文字文化を考えるうえで重要であるとした。一見、現代社会とは無縁のように思われる、古代の集落遺跡から見つかる墨書土器《ぼくしょどき》が、じつは現代の文字文化のあり方を読み解くための素材として、大きな意味をもつ、と考えたのである。そして、次のようにまとめる。

> 暴走族がことさらに画数の多い感じを誇らしげに使用するのは、おそらく古代社会にも似た彼らの未熟な文字世界において、ある種の権威をマジカルに表現したのではないだろうか。

古代の集落から出土する墨書土器に書かれた文字は、いわば古代の文字文化の周縁に位置するものであり、そこにこそ、文字を知らなかった人々が、文字と出会ったときの衝撃を、ストレートに伝えているようにも思えるのである。

同じように落書きは、人びとが文字と向き合う、その生々しい姿を、最もよく伝えたものなのではないだろうか。そこには、社会と文字の関わり、という大きな問題がひそんでいるように思われてならない。

落書きの微笑ましさ

むかしの人が書いた落書きが、しばしば話題になることがある。

「焼酎」にまつわる落書きというのをご存じだろうか。鹿児島県伊佐《いさ》市にある郡《こおり》山八幡《やまはちまん》神社に、永禄二年（一五五九）にこの本殿を修復した際に大工によって書かれた落書きが残っている。一九五四年（昭和二十九）の本殿解体修理の際に発見された。内容は、次のようなものである（図2）。

永禄二歳八月十一日　作次郎
鶴田助太郎
其時座主は大キナこすてをち
やりて一度も焼酎ヲ不被下候
何共めいわくな事哉

意味は、「社殿修補のとき、座主《ざす》がたいそうけちで、一度も焼酎を飲ませてくれない。えらい迷惑なことだ」となる。「こす」とは、この土地の方言で「けち」の意味だという。なお、この資料は、日本における「焼酎」の語の使用例として最古のものである。

現在の伊佐市が焼酎の生産地として有名である、ということもあり、室町時代からこの地が焼酎と深くかかわっていたことを示すこの落書きは、まさに焼酎の生産地の歴史を語るにおあつらえ向きの資料である。この落書きを書いた板は、頭貫《かしらぬき》（柱頭部を横につなぐ水平材）に打ち付けられていたというから、座主の悪口に対する後ろめたさから、見えないように打ちつけたのかとも想像され、なんとも微笑ましい。

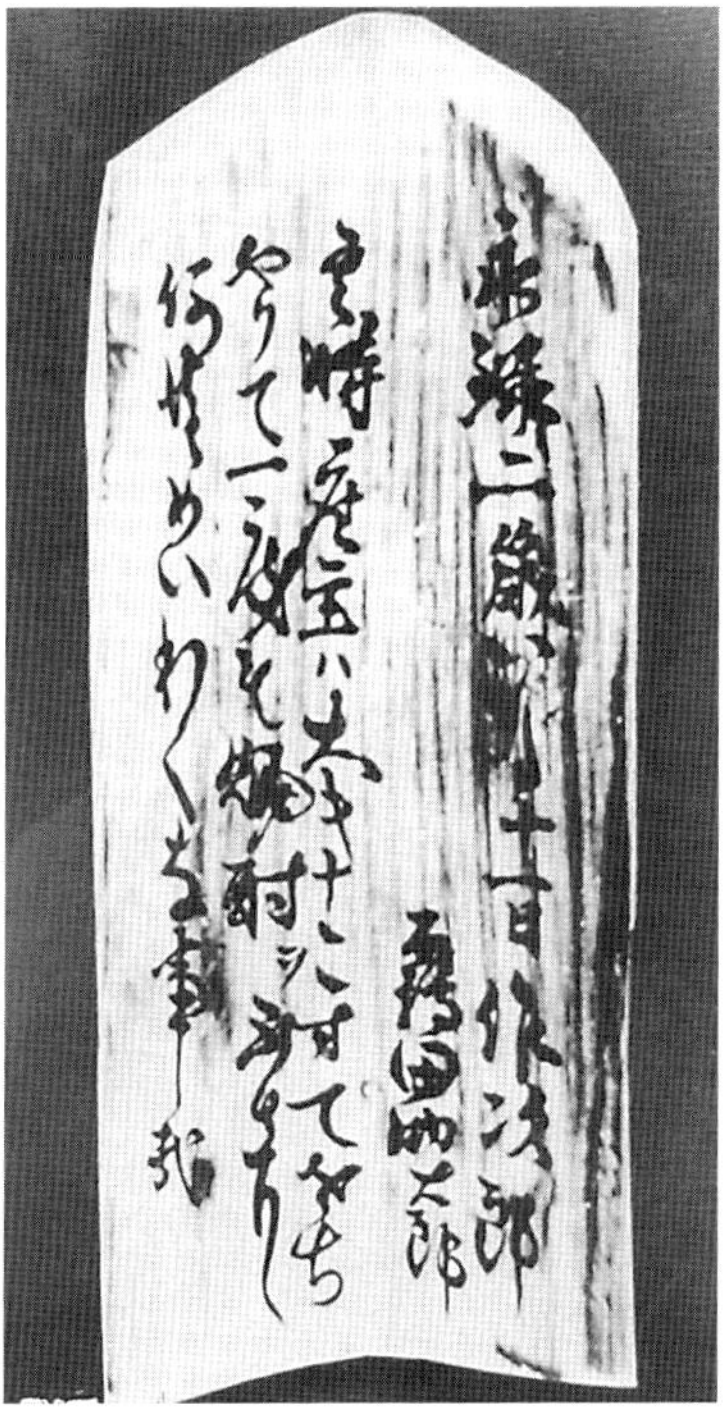

図2　鹿児島県伊佐市・郡山八幡神社の「焼酎」の落書き

このように落書きは、当時の人々のいわば「肉声」を知ることのできる資料なのである。だが、たんに「昔の人も今と同じようなことを考えていたのだなあ」などと、微笑ましさを感じたり、ロマンやノスタルジーをかきたてたりする素材としてのみ利用するのは、何とももったいない。もう少し、落書きを歴史学の「資料論」として、高める必要があるのではないか。それが、本書を書こうと考えた動機である。本書は、私が経験した落書き調査の体験を中心に、落書きを「歴史資料」として活用し、当時の人々が生きた社会の中に位置づけようとする、ひとつの試みなのである。

本書で用いる用語

ところで、中世には「落書《らくしょ》」という言葉があり、私が専門とする古代史の分野でも、「落書き」の意味で「落書」という語を用いる研究もある。だが厳密にいえば、中世の「落書」は、一般的には「匿名の投書・掲示等。時の政情や社会風潮を風刺・批判したり、犯罪の告発、特定個人に対する攻撃などの目的で作成し、公衆の目に曝すために、人目につく場所に落としたり、門や壁に掲示するなどしたもの」（『岩波日本史辞典』）という意味があり、世相を風刺・批判したものをとくに「落書」と呼んでいる。本書でとりあげるものは、必ずしも世相を風刺・批判したものだけではなく、工人たちが修築や改修の記念に記したものや、参詣した人たちが記念に書き残したものを数多く含んでいる。これらを「落書」といってしまってよいものか、やや躊躇される。

では、当時この種の落書きを何と言っていたのだろうか。近世の歌や文献には、しばしば「楽書」という表記が登場する。なるほど、「楽書」とはうまく言い表した表記である。だがこの言葉は現代ではあまり一般的ではないようにも思われるので、ここではできるだけ「落書き」という語を用いることにする。

本書がめざす「心性史」

本書がめざしているのは、「心性史」という歴史の叙述である。心性史とは、事件や政治や制度といった、いわば歴史学が伝統的にあつかう領域ではなく、日常の中の思考様式や感覚といったものを、文献史料以外の、図像や伝承や民間儀礼など、さまざまな素材を駆使しながら研究しようとする歴史叙述の方法である。

社会史や民衆史、生活史などを重視するフランスの「アナール学派」と密接にかかわりながら生まれた分野といわれている。一九六〇年代以降には、労働生活、家族、年齢別人生、教育、生、死、食生活、健康、病気、犯罪、社会的結合関係、祭り、恐怖、民間信仰、民衆文化などが、心性史のテーマとしてとりあげられるようになった（竹岡敬温『『アナール』学派と社会史—「新しい歴史」へ向かって—』同文館、一九九〇年）。

本書で取り上げる「落書き」も、伝統的な歴史学の研究対象にはなりえない資料であるといえる。その意味で本書のめざすところは、この「心性史」という歴史叙述の方法に最も近いというべきであろう。

しかしながら私は、心性史という歴史叙述の方法を理論的、体系的に勉強したことがないので、本書のめざしているものが本当に心性史といえるのかどうか、はなはだ心もとない。ただ、私が

「心性史」という言葉に強くひかれるのは、中世史研究者の中野豈任《やすひで》氏の著書『忘れられた霊場』（平凡社、一九八八年）の副題に「中世心性史の試み」とつけられていたことによる。

新潟県在住の中世史研究者だった中野豈任氏は、越後地域をフィールドに、中世の人びとの心意の世界を描きあげた。その成果は、氏の没後、『祝儀・吉書・呪符―中世村落の祈りと呪術―』（吉川弘文館、一九八八年）と、先述の『忘れられた霊場』の二冊にまとめられた。

中野氏は、自身の研究の姿勢について、次のように述べている。

私の関心は、中世社会の「こころの世界」を覗き見ることとです。当時の人びとの社会生活全般を規制していた無言の掟、慣習、風俗習慣、信仰、年中行事、そして人びとの思考の様式など。これら中世の人びとの心意の世界を理解できれば、歴史資料の解釈も深いものとなり、当時の社会生活や歴史事象をより具体的に、生き生きと描くことができると感じているからです。

このためには、文献・民俗・考古・宗教・芸能などの資料に広く眼を配ればくばるほど良い結果が得られると思うのです。文献学も民俗学も考古学も調査の対象（材料）こそ異なりますが、その目的は同じと思います。（後略）

（石井進「跋―中野豈任さんのこと」『忘れられた霊場―中世心性史の試み―』に引用された、中野豈任「中世社会の見方・考え方」と題する文章より）

中野氏のこうした研究の姿勢、歴史叙述の方法を「心性史」と呼ぶならば、私が「落書き」を通してめざしている歴史叙述も、中野氏がめざした「心性史」の試みに近いのではないだろうか。まったく不遜な考えかもしれないが、中野氏のめざした「心性史」「心意の世界」というまなざしを、本書を通じて、受け継ぐことができれば、と考えている。

落書きへのまなざし

歴史資料としての落書き

落書きを歴史資料として活用する

落書きを歴史資料として積極的に活用しようとする試みは、これまでにもあった。「落書き」という、私にとって未知な資料を検討する上で、指針となった文献をいくつか紹介することにしよう。

歌人・結城哀草果のまなざし

ひとつは、山形市生まれの歌人・結城哀草果《ゆうきあいそうか》（一八九三～一九七四）の『村里生活記』である。随筆家としても知られている結城は、山形の村里について書いた味わい深い文章を数多く残している。『村里生活記』におさめられている「落書きの記」は、地元・山形に残る江戸時代の落書きについて記したものである。

結城はまず、山形市に所在する、唐松観音に書かれた江戸時代の二首の歌を紹介している。

唐松の枝より枝に木伝ひて谷の戸いづる鶯の声

宇多加飛志古々路能谷美茂香良満津濃可景余里伊津類都喜仁波礼由久
（うたがひし　こころのやみも　からまつの　かげよりいづる　つきにはれゆく）

結城はこの二首の歌について、「殊に万葉仮名の方が美事な筆蹟であった。和歌の歌調の張っているのと筆力の堂々としているのを併《あわ》せ考えて筆者が相当自信があって書いたものらしい。身分の高い人が観音の別当に乞われて、得意で揮毫《きごう》したのであろう。人目を忍んでこそこそと書いた落書とは趣を異にしている。筆者は源義質という人で斯波源氏であるから山形藩の武家であろう」と述べている。

次に結城は、同じく山形県の上山《かみのやま》市に所在する葉山《はやま》神社に書かれた江戸時代の落書きに注目する。「羽前上山温泉から十二町位はなれ」た「三百二十米位の高さの山」にある「少彦名命を祭神とする葉山神社」に、天明五年（一七八五）と嘉永元年（一八四八）の年紀をもつ落書きがあることを紹介している。

旱魃に付き二夜三日雨乞仕候所難有仕合に雨降り中候
　天明五巳年林鐘廿日

嘉永戊申五月六日より田植始候所七月より雨ふらず、七月四日五日観音様に雨乞に登り候。
其時長清水村向ひ三十三町清水水論相成清水方には御上様に願出則山口吉兵衛様尾形友七様

御両人御見分の上三十三町清水高松にて自由に可仕又東屋敷清水落尻を長清水可被渡極申候。同九日当社に雨乞に相登申候

七月上巳　書

前者は、「天明五年（一七八五）の林鐘（六月）、旱魃により、二夜三日の間、雨乞いをおこなったところ、ありがたいことに雨が降った」という内容である。結城は前者について、天明五年六月に旱魃があって、困憊した農民だちが、葉山神社に雨乞をして、功徳《くどく》の降雨があってひどくよろこんでいる有様が短い落書によく現れている。『難有仕合に雨降り申候』とあるのは、農民たちのまごころであろう。天明の代は飢饉が多く、四年は奥羽地方は殊にひどかった年で、その翌年の落書である。

と解説している。

後者は、嘉永元年（一八四八）の五月六日より田植えをはじめたところ、七月より雨が降らず、七月四日、五日に観音様のところに雨乞いにのぼったこと、そのさい、水利をめぐる争論（水論）があったが、それが決着し、葉山神社にのぼって雨乞いをおこなった、という内容である。

これについて結城は、

この落書には田植のことから旱越のこと、見分のこと、水論が落着して葉山神社に登った顚《てん》末《まつ》が現れている。「七月四日五日観音様に雨乞に登り候」とあるのは、葉山神社の下手《したて》の森

にある観音堂のことであって、旱魃に苦しんだ農民は、はじめ、観音堂に雨乞に登って、両部落の間に水論があったことがわかる。そしてその時の農民の動きを想像することが出来る。と解説している。

このように結城哀草果は、寺社の堂に書かれた落書きに、当時の農民の生々しい心の動きをみたのである。結城は、「暇をつくって落書の行脚でもしたならば、いろいろの落書を発見して、或は世を益するかも知れぬ」、「僕は落書をもっと愛して、よいものは保護を加えるようにしたいと思っている」と、寺社の落書きへの愛着を綴っている。歌人としての直感、というべきか。後に述べるように、全国にわたって落書きを調査することは、落書きの歴史資料としての意義を、さらに高める作業であると考えられる点で、結城のこの発言は卓見であるといえるだろう。

結城が落書きの存在を紹介した葉山神社に、私も訪れてみることにした。だが神社そのものは、新しく建て替えられていて、結城が見たという落書きは、もはや存在しない。いまでは結城の随筆の中でしか、落書きのようすがを知ることができないのは、とても残念である。

藤木久志氏の落書き研究

次にとりあげたいのは、日本中世史研究者・藤木久志氏による一連の論考である。

村はずれの村堂に注がれた藤木氏のまなざしは、実に生き生きと、戦国時代の社会を映し出している。以下、藤木氏の研究を紹介しよう。

中世の村里や町場には、旅人をとめるのを禁ずる掟《おきて》があった。戦国時代に近江の今堀《いまほり》村（現在の滋賀県東近江市）が、弘治二年（一五五六）に惣掟《そうおきて》として「とまり客人禁制の事」と定めたことが文書から知られる（『今堀日吉神社文書』）。また、越後では「他国の者、故なく、宿さすべからず」と命じた制札《せいさつ》が、天正八年（一五八〇）に上杉景勝《うえすぎかげかつ》によって出されている（『新潟県史　資料編中世3』）。

だが、村はずれにある「村堂」「惣堂」は例外であった。村堂は旅人に広く開かれた場として認識されていた。各地からさまざまな理由で訪れる旅人たちは、村はずれの村堂でわらじを脱ぎ、しばしの安息を求めたのである。

さて、こうした村堂には、各地からおとずれ、一夜を過ごした人びとにより、思い思いの落書きが書かれた。現代でも、ユースホステルなどには、宿泊した人びとが思い思いの言葉を書き残すためのノートが置いてあったりするが、旅人の思いは、いつの世も変わらない。

藤木氏は、こうした落書きに注目する。藤木氏が注目した落書きはおもに、新潟県十日町市（旧松代《まつだい》町）の松苧《まつお》神社、東蒲原《ひがしかんばら》郡阿賀《あが》町（旧鹿瀬《かのせ》町）の護徳寺《ごとくじ》観音堂、同町（旧三川《みかわ》村）の平等《びょうどう》寺《じ》薬師堂に書かれたものである。松苧神社の墨書は永正四年（一五〇七）の年紀を含む、十六世紀前半にはじまるもので、後の二堂の墨書は、十六世紀後半から十七世紀前半を中心としている。

これら三ヵ所に残る落書きの豊富な内容については折にふれて紹介するとして、ここでは、藤木氏が注目したもののうちのいくつかを紹介しよう。

御館の乱と落書き

東蒲原郡阿賀町の平等寺薬師堂の壁には、当時の政治史と関わりの深い落書きが残っている。その一つが、天正六年（一五七八）、上杉謙信が急逝したことにより起こった、御館《おたて》の乱にかかわる落書きである。やや長くなるが、その生々しい記述を引用してみることにする（図3）。

天正六年〈ひのえとら〉三月十三日、謙信様
御とんしニ付而、三郎殿・喜平次殿
御名代あらそひ、国中いこ〳〵
に候条、三月末黒川ミのき衆
小国之地より乱入、四月十
六日ふてうき候てはいほく、引
こミ候、五月一日、三条手切候、同
十三日、三郎殿春日を引のき館
城之内へ御入候、三ほう寺殿を始
十余人御味方候間、春日と
日々の御調義候、就之、櫔尾・三条

中合、小田切治部少輔、小沢大蔵
五月廿四日すかのへ手切、同
五日迄相動、すかの過半村お
し候処ニ、廿六日より大雨ゆへ
動相延候間、足軽為調義与、
同廿八日いかつちの地へ動、実城
はかりに取詰候処ニ、所々より
悉令助懸、あけくちゑおし
そい、敵も卅余人打取候
得共、のけくちに候条はい
ほく、五十余人越度候、就之
くろ川より不調義候由せツかん
の上、爰元ニ入寺候、此時同道
小荒井清左衛門尉
斎藤又五郎
屋なた彦七郎

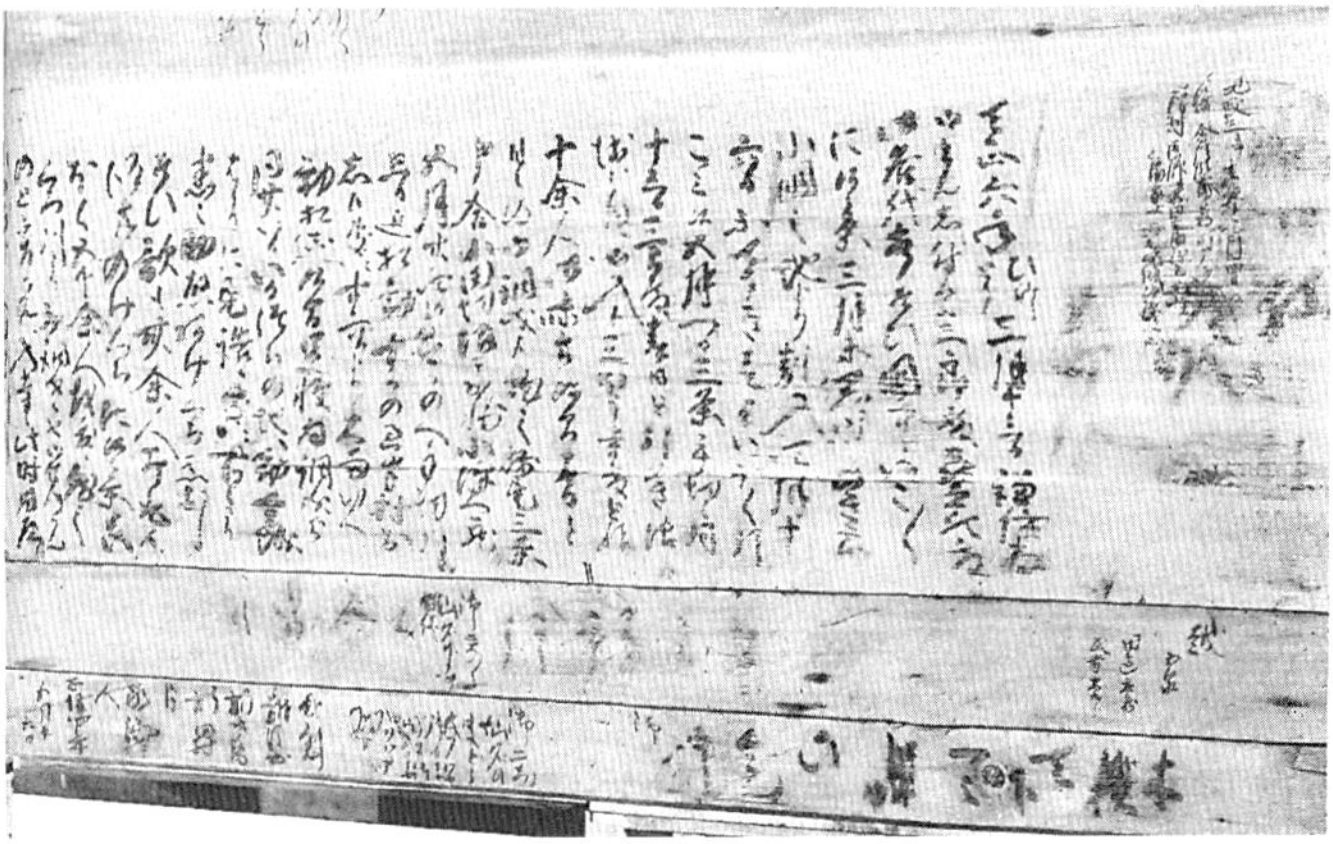

図３　新潟県阿賀町・平等寺薬師堂の落書き①
（『東蒲原郡史　資料編２』より）

荒神「寺新蔵人」
六年「六月四日」
うち死
（以下二〇名の名あり、後略）

天正六年（一五七八）三月十三日、上杉謙信が「とんし」（＝頓死、急逝）すると、「三郎殿（上杉景虎《かげとら》）と喜平次殿（上杉景勝《かげかつ》）という、養子二人の「御名代あらそひ」（相続争い）が起こり、「国中いこ〳〵」、すなわち越後国を二分するような内乱となった。いわゆる御館の乱である。

落書きの中にみえる「小田切治部少輔」は、会津芦名盛氏《あしなもりうじ》の配下の者で、景虎側について菅名《すがなの》荘《しょう》（五泉市・村松町付近）に出兵していた人物である。五月末に、村松の雷城《いかづちじょう》（新潟県五泉市）を攻め、「実城《みじょう》」（本丸）にまで敵味方が押し寄せ、大乱戦となった。敵を三〇人あまり討ち取ったが、かわりに味方も五〇人あまりが戦死してしまい、結局敗北してしまったのである。

このため、「黒川」（会津）の芦名氏から敗戦の責任を問われ、「御せツかん」（＝折檻、制裁）の処分を受け、この平等寺薬師堂に「入寺」したのである。そのときに壁に書きつけたのが、この落書きである。

ここには「同道《どうどう》」（一緒に来た者）として、四人の名が記されている。そしてそのあとには、討ち死にした人名が二〇名ほど書かれ、さらに末尾には「此外《このほか》廿《にじゅう》余人《よにん》」と、名前の書かれない戦死者が二〇名以上もいた。

おそらくこの落書きを書いたのは、生き残って「入寺」した四名のうちの誰かであろう。それにしても、討ち死にした者の名前まで書きとどめるなど、詳細にして生々しい記述である。

伊達政宗の会津侵攻と落書き

もうひとつ、この地域の政治史との関わりで興味深いのは、天正十七年（一五八九）に「あかい又六」という人物が書いた落書きである（図4）。

①黒川の　こゑ（恋）しき事　かぎりなし　いつかかへりて　これをかたらん　あかい又六

②天正十七年…会津らん入ニ付而、しょさふらい（諸侍）、越国江取のけられ候、心ほそくねまり候時、天下様御ひきたてニよつて、をの〳〵心地よくねまり候時の心事、申し候、あかい又六書之也

③天正十七年六月十一日以来、越国江松本伊豆守らう人之時分、とも衆

松本膳九郎

本名孫一郎

安辺与一郎

秋山喜右衛門尉

山田孫右衛門尉

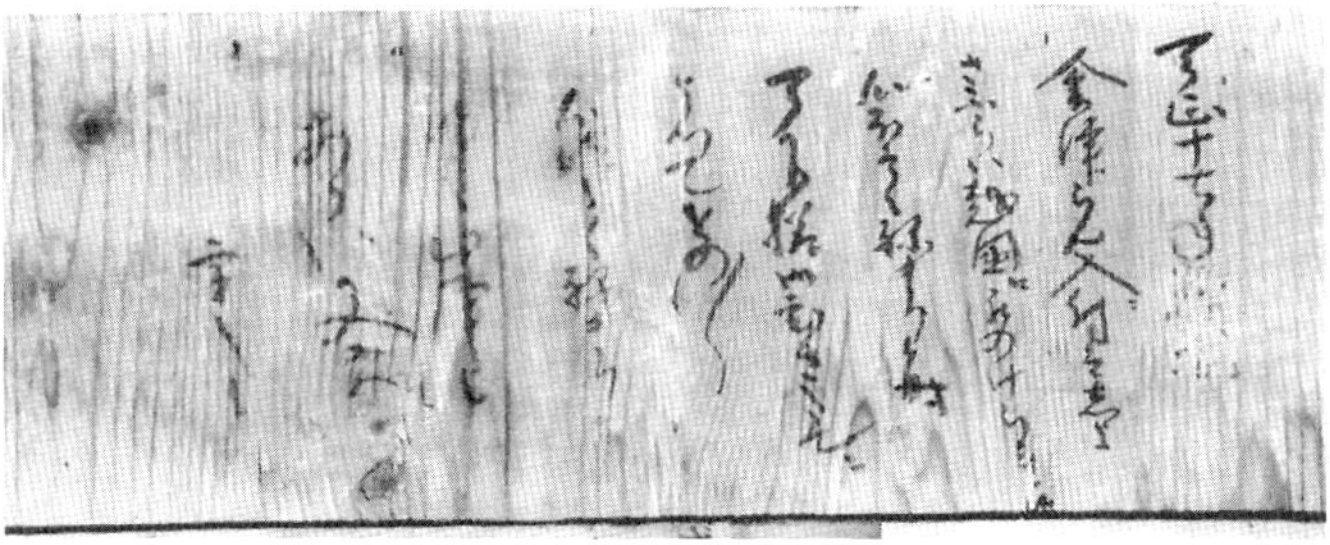

図４　新潟県阿賀町・平等寺薬師堂の落書き②
（『東蒲原郡史　資料編２』より）

瀧田満六
こぬま源三
あかい又六書之也

最初にあげた歌にみえる「黒川」とは、黒川城、すなわち会津若松城である。「あかい又六」は、会津芦名氏に仕える武士であった。

天正十七年、伊達政宗の会津乱入の噂を聞くと、多くの芦名方の武士たちが越後に亡命した。その中に、不安にふるえながらこのお堂に籠もり隠れた武士たちがいたのである。

ところが、「天下様（豊臣秀吉）」の引き立てによって、各自が心地よくすごすことができたと、この落書きは続けている。伊達政宗の会津侵攻が、秀吉の停戦令に背く行為として問題視され、会津撤退が求められたのであった。亡命した武士たちは、天下様（秀吉）のこの「ひきたて」に安堵したことだろう。その時の気持ちが、この落書きに示されているのである。

興味深いのは、落書きに見える天正十七年六月十一日は、伊達政宗が会津を襲って芦名氏を滅ぼした日にあたるということである。伊達政宗による黒川侵攻のその日、松本伊豆守をはじめとする一行が、越後の村堂に逃れてきたのである。なお松本伊豆守は、越後とも政治的親交のある芦名氏の宿老として著名な人物であり、彼を介して、越後亡命が実現したこともうかがえる。

これらのことからわかるように、落書きが書かれた平等寺薬師堂は、御館の乱、そして芦名氏の滅亡といったこの地域の政治史的変動を、裏側から見つめてきた舞台であった。いってみればここには、敗者たちが集まり、ひとときの安息の時間を過ごしていたのである。

藤木氏は、落書きを丹念に読みとくことで、文献史料には決してあらわれない、いわば政治史の裏面を描き出したのであった。落書きが歴史資料として十分に活用できることを、実例をもって示したのである。

藤木氏はこれらの落書きについて、次のように述べる（藤木久志「村堂の落書き―『忘れられた霊場』に寄せて―」『戦国の作法』平凡社ライブラリー、一九九八年、初出は一九八九年）。

村はずれの神社や仏堂は、「泊り客人規制」を大法とする戦国の世でも、広く世間に開かれていたらしい。そこを一夜の宿とした旅人たちは、堂社の羽目板や板壁や柱に、年月日・名前・住所・同行者の数をはじめ、旅の目的や祈りや願いごと、さらには感慨の和歌から世俗の雑念までを、気ままに筆で書き重ねていた。

そうした旅のかたみの落書きは、そこに宿るみ仏や神々に寄せる、結縁のしるしでもあったに違いなく、僻地といわれる越後山間の堂社の落書きにも、戦国びとの信仰の旅の世界が大きく広がり、お籠りの習俗も新鮮な断面をみせてくれる。さらには、中世には盛んであった男色の風も、落書きならではの素顔をのぞかせる。

なお阿賀町に所在する護徳寺観音堂、平等寺薬師堂の墨書資料については、『新潟県史　資料編4』に収められているほか、近年では『東蒲原郡史　資料編2』に鮮明な写真と詳細な翻刻が掲載されている。これら翻刻には、阿部洋輔氏の力によるところが大きいことをとくに付記しておきたい。また、小林昌二・相沢央編『新潟大学大域プロジェクト研究資料叢刊Ⅱ　護徳寺観音堂墨書集』、同『新潟大学大域プロジェクト研究資料叢刊Ⅲ　平等寺薬師堂墨書集』（ともに二〇〇四年二月）にも鮮明な写真が掲載されている。これらの資料集により、鮮明な写真とともに墨書の内容が広く知られることになったことの意義は、はかりしれない。

仏堂の落書きにみえる「方言」

余談だが、私がこの越後山間の堂社の落書きを見て興味を持つのは、そこに使われている言葉である。例えば、さきにあげた平等寺薬師堂の落書きには、「ねまる」という言葉が出てくる（傍線は筆者。以下同じ）。

天正十七年…会津らん入ニ付而、しょさふらい（諸侍）、越国江取のけられ候、心ほそくねまり候時、天下様御ひきたてニよつて、をの〳〵心地よくねまり候時の心事、申し候、あかい

又六書之也

この「ねまる」は、北陸や東北地方では、「くつろぐ、一休みする、座る」などの意味で使われることが多い。十六世後半の越後国の国人領主、色部《いろべ》氏の年中行事について書かれた「色部氏年中行事」にも、「鈴木大郎左衛門尉、是も保内にねまり候者也」、「一、同渡辺金三、御座敷ニねまり、三さかなにて御盃・御酌被下候」（『新潟県史　資料編4　中世二　文書編Ⅱ』、一九八三年）など、しばしばこの「ねまる」という表現が「くつろぐ、一休みする」という意味で用いられている。

また、松尾芭蕉の『奥の細道』の中で、元禄二年（一六八九）五月に尾花沢を訪れたとき、

涼しさをわが宿にしてねまるなり

という句を詠んでいる。ここにみえる「ねまる」も、この地方の方言で、「くつろぐ」という意味であり、芭蕉はこの地の方言で句を詠んだのである。

さらにいえば、山里深い惣堂の落書きに「ねまる」という言葉が書かれているということは、彼らが、世俗の煩わしさから逃れて、この場所にひとときのくつろぎや安らぎを求めていたことを示しているのではないだろうか。

こうしてみると落書きは、その当時の人々の生き生きとした言葉を知るための格好の素材でもあるのである。

山岸常人氏の仏堂墨書研究

次に、建築史の立場から仏堂における墨書の機能に注目した、山岸常人氏の研究を紹介しよう（山岸常人「中世後期の仏堂の世俗的機能」『中世寺院の僧団・法会・文書』東京大学出版会、二〇〇四年）。山岸氏の研究は、きわめて興味深い論点を含んでいる。

山岸氏が指摘するように、中世の仏堂墨書は、従来あまり注目されてこなかった。重要文化財の修理工事報告書に、墨書を調査し、釈文を載せているものもあるが、墨書の情報に触れていないものもある。「建物の墨書はその建物の建立年代の判定にのみ使われ、仏堂を巡る寺院内外の社会的状況を知る史料としては注目されてこなかった」のである。わずかに、先にも紹介した『新潟県史』資料編が仏堂墨書をていねいに蒐集し、通史編でも言及しているのが注目される。山岸氏は、「仏堂に書き付けられた墨書は仏堂の使われ方を直接知る絶好の史料と考えられる」として、その機能の一つを、「参籠《さんろう》」との関係に求めている。

滋賀県の善水寺《ぜんすいじ》本堂（湖南市）では、内陣右側面後方の堂蔵の正面と内陣左側面の板壁に、次のような参籠者の墨書があるという。（引用史料中の」は、改行の位置を示す。以下同じ）

（堂蔵正面板壁・板戸）

・廻僧施」正月二十三日」□東尾

・天正五年六月二十二日」□廿六□あり。

・天文五年六月十二日見物十九人うちニ□す也」□

・□道世間誓白髪貴人頭上不曽饒

・越前国豊原花蔵院之内下信野只一人永正元季七月二日

・伊勢高野参詣□

・天正□　永正七年二月二十八日に

・天正□」十七日

・□□蔵人」白髪三人」大永貳年

・□寺晩□」天正□年二月二十八日岩蔵院法印」二夜三日御参籠護摩天下□

・天文十四年卯月廿二日

（向かって左方の内陣側壁板）

一七日一時に□□□置候て参籠仕候

かきおくも

　ぬ□れふしも

なからんふミのかたみ□

　なれし

大永参年卯月七日より一七日参籠仕候

一時ニ□□□□置申候
以条□人数
蓮大坊大輔殿　小大輔殿　□□の弁官三位殿
同□
（異筆）「□正十二年の□□に月に三□甲賀□□□　善水寺」
条□分
善徳少将殿末房殿かんた
大永三年〈癸未〉四月七日より籠申
十五日に下向仕候生年廿也
当時加賀　賢宥〈花押〉敬白

山岸氏は、「いずれも十六世紀の年号が記されており、室町時代後期から桃山時代の前期に、廻国の僧がこの寺の本堂に参籠していたこと、参籠の場所は堂蔵の前の内陣側面の局が主であったが、内陣まで入り込む僧俗もいたことが知られる」という。

そして、福勝寺《ふくしょうじ》本堂（和歌山県海南市、室町時代後期）、平等寺薬師堂（新潟県阿賀町、永正十六年〈一五一九〉の墨書あり）、護徳寺観音堂（同、弘治三年〈一五五七〉の墨書あり）、松苧神社本殿（新潟県十日町市、十五世紀前半）、蓮華峯寺《れんげぶじ》金堂（新潟県佐渡市、長禄三年〈一四五九〉以前の墨書あ

り)、明通寺《みょうつうじ》本堂(福井県小浜市)、霊山寺《りょうせんじ》本堂(奈良市、天正五年の参籠僧の墨書あり)などを検討し、「早い例では十四世紀、一般的には十六世紀に仏堂の内部に参籠者が入り込んでいた」とし、その参籠者を「僧俗を問わず廻国の巡礼者であった」としている。そしてその参籠の場は、「堂蔵・後戸周りが多く、内陣・礼堂でも見られる」としている。

ここで重要なのは、「参籠行為を示す墨書が、少数の例外を除いて十六世紀に限られている」という山岸氏の指摘である。なぜ、十六世紀という限られた時期に仏堂に墨書がなされるのだろうか。この点について山岸氏は次のように述べる。

墨書が十六世紀に一般化したのは、僧俗を問わない広範な参詣と参籠行為の普及を示すと見て良い。これは参籠札の分析を行った稲城信子らの既往の研究の成果と合致する。この場合、信仰のための僧俗ではなく、平等寺・護徳寺の如く、合戦の結果としての「せっかん」の為に籠もらざるを得なかった武士の存在も時代性を示す。それは戦国の世である故の社会の混乱の影響であるだけでなく、寺院社会にそれを許容するような世俗化が進行していたことを示すものであろう。この時期、山岳寺院が城郭化した例が少なくない事(例えば如意寺・醍醐寺)もまた癸を一にするものであり、ついには播磨清水寺のように討ち死にした武士の「首実検」までもが行われるに至るのである。こうした諸現象はまさに中世寺院が近世寺院化してゆく過渡的状況を示すものと見なすことができる。

十六世紀における仏堂墨書の盛行の背景に、「僧俗を問わない広範な参詣と参籠行為の普及」、「寺院社会の世俗化」があったとする山岸氏の指摘は、きわめて重要である。なお筆者は、仏堂に落書きが書かれるのは、後述するように、十六世紀後半から十七世紀前半の約一〇〇年間にピークを迎えるとみている。

山岸氏は、「仏堂墨書から知られる参籠に関して述べるならば、これは文献史料には具体的には残されにくい性質の機能であり、墨書によってその実態が明瞭に知られる。但し参籠に関わる墨書は調査が完全に行き届いておらず、今後その種の史料の集成と分析が必要である」と述べている。私も同感である。

山形市・石行寺観音堂の仏堂墨書

次に、私がフィールドとしている山形県の事例をみてみよう。

山形県内の中世の仏堂墨書については、『山形県史　古代中世史料2』が、その時点で調査し得たものを集成している。さきの山岸氏の指摘のように、自治体史としては、『新潟県史』資料編が中世の仏堂墨書を集成していたことは有名だが、『山形県史』においても、仏堂の落書きが歴史資料として認識されていたことがうかがえる。

また、地元の研究者である武田喜八郎氏が、『山形県史』に収録されている仏堂墨書の釈文には再考の余地があるとして、最上三十三観音七番札所の石行寺《しやくぎようじ》観音堂（山形県山形市）の墨書の全貌を紹介し、あらためて釈読と考察を行い、報告書を作成している（武田喜八郎「石行寺観音堂の落書について」一九八九年）。これもまた貴重な成果なので、以下に紹介したい。

石行寺観音堂の落書きは、側廻りの小壁の古い竪羽目板《たてはめいた》の内側と、母屋《もや》四天柱廻りの小壁の古い竪羽目板、母屋四天柱の一部、母屋格天井裏の四天束柱《つかばしら》や、その貫《ぬき》、といったところに書かれている。

石行寺観音堂の落書きのうち、紀年銘のあるものは、慶長期のもの一点を除き、ほとんどが天正期のもので、紀年銘のないものについても、その書風から、天正〜慶長期のものが大部分であり、慶長期以降に下るものは少ないであろうとする。

また、この紀年銘は、この観音堂の造立年代についても手がかりを与える。これらの落書きは、大工によるものは一つも含まれておらず、いずれも当時の下級武士やそれに類する名前の者である。たとえば、この観音堂の落書きに何ヵ所か登場する「さかひまこ二郎」という人物は、「上《かみの》山《やま》ふし也」（上山の武士なり）とあることから、これらの落書きの担い手の中に、下級武士が含まれていたことがわかる。

この観音堂において紀年銘のある最古の落書きは、天正八年（一五八〇）二月のものであることから、少なくとも天正八年二月の時点では、参詣者が訪れていたことになり、つまりこの観音堂は、天正八年二月以前にはすでに完成していたことになるのである。

そのほとんどは、参詣に訪れたことを記念に残すために書かれた落書きだが、中でも特色ある落書きについてみてみると、まず目を引くのは、次のような落書きである。

大友重三さま之」御家中森さい」むたさま又家中の」もの共」

よと川しつか

うちのちやへもん

くるまわすけ

せきのほういん

きしのさゝなみ

やまのこからす

なにもむてへもん

そろりそろへもん

をさゝつゆのかミ

いたやあられの助

これ十人ハ重三さま之ため」にハまたひくわん（被官）共也」森さいむたさま之ミな」ひくわんなりなかにも」五人めのきしのさゝなミさいむたさま之おい」はら〳〵なりさり」ながら重三さまよりほかハ」ミなかくしな（隠し名）ともなり

これは、「大友重三さまの御家中森さいむた」の家来たちの落書きである。おもしろいのは、

「よと川しつか」から「いたやあられの助」まで、合計一〇名の名前が記され、最後に「重三さまよりほかハ、ミなかくしな（隠し名）ともなり」と書いてあり、大友重三以外の名はすべて仮名（変名）を用いていたというのである。現実の名前ではない、仮の名前を落書きするという行為は、あるいは広く行われていたことなのかもしれない。

五人目の「さしのさゝなミ」は、「森さいむた」の「おいはらなり」とあるが、この解釈が難解である。武田氏は、「血筋の甥とも取れるし、また、追腹の覚悟を示しているとも取れる」と解釈している。さらに、とくにこの人物にのみ言及があることから、「この筆者は、五人目の『きしのさゝなミ』であることを、暗に知らせている」と、武田氏は推定している。

このほかにも、次のような落書きがある。

・雨す」時分」是」書」也」佐藤」長三」さま之」こものに」なり」たや」かやう二中ものハ」こゝへもん九」森ひこ次

これは、「佐藤長三さま之こもの（小者）になりたや」とあることから、後述するように、藤木久志氏が指摘する男色の風を表す落書きであると思われる。

また、出羽の仙北・院内地方（現在の秋田県南部）から来た人々の落書きもある。

・出羽之国仙北住僧忠彦」爰元一見時分是書也　刻常達

・仙北院内人々御らん被成候ハ、念仏一遍求也いずれも、右から左へと横書きに大書されているもので、仙北地方から当地に訪れたことを誇らしげに書いたものであろうか。

このほか、「中野」「成さは」（いずれも現在の山形市中野、同市成沢）から参詣に訪れた人々による落書きなどもあり、観音堂には、内外から参詣者が訪れていたことがうかがえる。

武田氏が、観音堂の落書きの年代を「天正期から慶長期」という年代幅でとらえたことは、仏堂の落書きをとらえる上でもじつに重要な指摘である。じつは石行寺観音堂のみならず、他の同様の仏堂墨書もまた、この時期に書かれたものがほとんどなのである。

山形県の仏堂墨書研究

石行寺観音堂をはじめとして、筆者がフィールドとする山形県内には、多くの仏堂墨書が見られる。『山形県史　古代中世史料2』に収められているものをまとめたものが表1である。

これをみると、次の二つの点に気づく。

第一点は、落書きが書かれた年代が、十六世紀後半から、十七世紀前半の時期にほぼおさまっている、ということである。

第二点は、落書きが、観音堂に書かれる事例が多いということである。若松寺観音堂は、最上三十三観音の第一番札所であるのは先に述べたとおりだが、石行寺《しゃくぎょうじ》観音堂（山形市岩波）は同じく最上三十三観音第七番札所、松尾山《まつおさん》観音堂（山形市蔵王半郷）も最上三十三観音第九番札所

表１　山形県内の仏堂墨書

仏堂名	記された年代
観音堂（飯豊町中）	天文18年（1549），慶長20年（1615）
観音寺観音堂（白鷹町深山）	天文拾□，慶長10年（1605），慶長12年（1607），慶長16年（1611）
石行寺観音堂（山形市岩波）	天正８年（1580），天正18年（1590），天正21年（1592）
立石寺根本中堂（山形市山寺）	慶長13年５月５日（1608）
松尾山観音堂（山形市蔵王半郷）	天正19年（1591），慶長14年（1609），他
若松寺観音堂（天童市山元）	永正６年（1509），永禄６年（1563），慶長16年（1611），他
正善院黄金堂（羽黒町手向）	文禄５年（1596），慶長19年（1614）
※金峯神社本社（鶴岡市青龍寺）	元和４年（1618），元和７年（1621）
※慈恩寺（寒河江市）	寛永６年（1629）～寛永15年（1638）

注　※は『山形県史　古代中世史料２』に未収録

である。また、観音寺観音堂（山形県白鷹町）は、置賜《おきたま》三十三観音第八番札所であり、天養寺《てんようじ》観音堂（山形県飯豊《いいで》町）も、置賜三十三観音第四番札所である。

この最上三十三観音は後述するように、伊藤清郎氏によれば、最上氏が村山地方内陸部を平定した天正十二年（一五八四）以降に最終的に成立したのではないかと考えられる（伊藤清郎「最上氏領国と最上三十三観音霊場」『村山民俗』二一、二〇〇七年）。観音堂に書かれた落書きは、まさにこの時期の前後からあらわれはじめる。三十三観音札所の成立と対応するかのように、観音堂に落書きが書かれることは、注目すべきである。

落書きが書かれるのは、村里離れた小さな観音堂だけではない。古刹と呼ばれる大寺院にも、書かれている例がある。次に山形県寒河江《さがえ》市の慈恩寺《じおんじ》の例を取りあげよう。

寒河江市・慈恩寺でも落書きが発見される

慈恩寺は、寺伝によると、神亀《じんき》元年（七二四）に行基が開山し、天平十八年（七四六）に聖武天皇の勅をうけた婆羅門《ばらもん》僧正（菩提僊那《ぼだいせんな》）が建立したのがその始まりだと伝えられているが、これはあくまで寺伝であり、慈恩寺が歴史に登場するようになるのは、平安時代後期あたりからである。天仁元年（一一〇八）、鳥羽《とば》上皇の勅願で再興されたことがやはり慈恩寺の縁起などに記されている。このころ、慈恩寺をふくむ地域の寒河江荘は、藤原忠実《ただざね》が領主であったことが知られているので、慈恩寺の再興には、藤原摂関家の力が大きく関与していたことは間違いないだろう。

永正元年（一五〇四）、山形城主・最上義定《もがみよしさだ》が寒河江領に攻め入り、慈恩寺はその戦火を被って灰燼《かいじん》に帰してしまう。その後、最上氏の保護のもと、三重塔や本堂などの再建が進み、三重塔は最上義光《よしあき》の時代の慶長十三年（一六〇八）、本堂は義光の孫・義俊《よしとし》の代の元和四年（一六一八）に完成する。

寒河江市教育委員会の大宮富善氏から、慈恩寺にも落書きがあるかもしれないので調査をしてほしい、と依頼をいただき、慈恩寺本堂の調査に入ったのは、二〇一三年（平成二十五）一月の雪深い日のことである。

元和四年に再建された慈恩寺本堂の内陣の裏手の東西には小部屋があり、長らく倉庫として使用されていた。この空間は、「堂蔵《どうぞう》」と呼ばれる空間に相当し（山岸氏前掲論文）、一般に収納の場としての機能を有していたと考えられる。

この、慈恩寺本堂の「堂蔵」に相当する場所（以下、東堂蔵、西堂蔵と呼ぶ）に、江戸時代の寛永年間（一六二四〜四三）に書かれた落書きが多数存在することが、新たに確認された。

すでにみたように、山岸常人氏の研究によれば、中世後期の仏堂では、参籠の場所が堂蔵の前の内陣側面の局が主であったとされるが、慈恩寺の場合、堂蔵の内壁の羽目板《はめいた》や柱などにのみ落書きがみられる点が特徴である。あるいは改修工事にともなって、もとの位置から羽目板が移動している可能性もあるが、基本的には、あまり大きく動くことはなかったと思われる。現在、落書きが書かれている東西の「堂蔵」は倉庫として使われているが、あるいはある時期、参籠の場として機能していたのかもしれない。

これらの落書きは、これまで山形県内で確認されている同時期の落書きと共通するパターンが多く、きわめて興味深い内容を含んでいる。現在も調査中であり、本格的な調査は今後にまたなければならないが、本書でも、現段階で解読したものについて、できるだけ紹介していくことにしたい。

このように、落書きの調査・研究は、これまでも多くの人びとによって関心がもたれ、進められてきた。決して孤立した研究ではないことにあらためて気づかされる。そしてじつに多くの落書きが、現在もほとんど十分な検討をなされないまま、残されてきているのである。

では、いよいよ私の「落書き研究」の原点となった、山形県天童市の若松寺観音堂に、足を踏み入れることにしよう。

落書きを調査する――若松寺観音堂の落書き調査

古刹・若松寺と最上三十三観音の成立

山形県天童市に位置する若松寺は、寺伝によれば和銅《わどう》元年（七〇八）に行基によって開山されたと伝えられる古刹である。平安時代には慈覚大師《じかくだいし》・円仁《えんにん》が再興したとされ、天台宗の寺院となる（川崎利夫「古代・中世の若松寺と観音堂の建築」『若松寺観音堂墨書調査報告書』天童市教育委員会、二〇〇八年）。

十六世紀頃になると、西国三十三観音札所巡礼の影響のもとに、出羽国最上郡でも三十三観音巡礼が行われるようになる。若松寺には、十五世紀の巡礼札《じゅんれいふだ》がいくつか残っている（『山形県史資料編15下　古代中世史料2』）。

西国三十三所之巡礼只一人
延徳二二季壬子

六月吉日出羽国住人（「出羽国住人」のみ陰刻）

出羽国村山郡天童住人
西国参拾三所礼同道三人藤原長正
文亀元年九月吉日
二階堂右京進（裏面陰刻）

出羽国村山郡天童住人
西国参拾三所順礼同道三人千阿弥
文亀元年九月吉日

文亀二歳壬戌六月十七日
西国三十三所順礼同道五人
藤原朝臣繁宗

羽州天童之住人平石黒松若丸

西国三十三所之順礼只一人
文亀二年壬戌九月廿九日
羽州天童居住大枝右馬丞藤原頼子

西国三戎（ママ）参所之順礼同道三人
于時永正六年己巳九月吉日

願依此功勲現世安穏後生善処
出羽州最上郡卅三度（ママ）順礼宇多郡住人
于時太永六季丙戌三月十七日敬白慶玉

最古のものは、延徳四年（一四九二）に「出羽国住人」が西国三十三札所の巡礼を果たし、「現世安穏後生善処」を願って納められた巡礼札である。また、文亀元年（一五〇一）、同二年、永正六年（一五〇九）なども同様に、天童の住人が西国三十三ヵ所の巡礼を果たし、巡礼札を若松寺に納めている。

大永六年（一五二六）に「宇多郡住人」が納めた巡礼札には、「出羽州最上郡卅三度順礼」と記されており、十六世紀前後には、西国三十三札所の影響を受けて、出羽国最上郡においても三十三札所巡礼が行われていたことをうかがわせる。ただし最上三十三観音の整備されていくのは、最上氏の領国経営と関わって、最上氏が内陸部を平定した天正十二年（一五八四）以降、最上氏の改易以前の元和八年（一六二二）までの間に現在の形が成立したと考えるのが妥当であろう（伊藤清郎「最上氏領国と最上三十三観音霊場」『村山民俗』二一、二〇〇七年）。

出羽内陸部を平定した最上義光は、領内の寺社の保護にあたった。先に述べた慈恩寺もその一つであるが、若松寺も同様である。慶長十三年（一六〇九）に立石寺《りっしゃくじ》根本中堂の大修理を行ったのに続き、同年から高擶城主《たかだまじょうしゅ》斎藤伊予守を奉行として若松寺観音堂の大修理に着手し、慶長十六年（一六一一）に完成するのである（川崎利夫前掲論文）。若松寺観音堂に残る落書きのほとんどは、これ以降のものである。

天童市の若松寺観音堂の落書きについても、古くから一部の研究者によって注目されていた。山形県の文化財にかかわる雑誌『羽陽文化』には、酔古庵主「若松観音堂の「落書」を覗く」（『羽陽文化』三、一九四九年）、藤島亥治郎「羽陽古建築再訪記」（『羽陽文化』二二、一九五四年）といった論考が掲載されている。また、一九六三年（昭和三十八）に観音堂が国の指定重要文化財となったあと、一九六九年（昭和四十四）に若松寺観音堂が改修された際に作成された『重要文化財若松寺観音堂修理工事報告書』（山形県、一九六九年）にも、堂内の落書きについての調査結果が示されている。これらの成果をうけて、『山形県史　古代中世史料2』（一九七九年）で、若松寺観音堂の落書きが集成されたのである。ただし、この段階ではまだその全貌は明らかではなかった。

調査会の発足

二〇〇七年度、天童市教育委員会を事務局として、若松寺観音堂墨書調査会が発足し、仏堂墨書の全面調査が行われることになった。川崎利夫氏（天童市文化財保護審議会会長）を会長として、野口一雄氏（天童市文化財保護審議会委員）、田川新一朗氏（東北芸術工科大学文化財保存修復センター）、市村幸夫氏（村山民俗学会）、浅黄喜悦氏（山形県立博物館学芸員）、そして私の五名が委員となった（所属は二〇〇七年当時のもの）。

落書きの釈読に先がけてまず行わなければならないのは、観音堂の中に、いったいどれほどの落書きが存在するのかを確認することである。落書きが行われている場所は、大きく分けて、屋根裏と、堂内にわかれる。堂内はさらに、内々陣《ないないじん》、内陣、外陣《げじん》という三つの空間にわかれていて、そのいずれの壁にも、落書きが確認できた。つまり、堂内のほぼすべての場所に、落書きが存在していたのである。それらを大まかに分類すれば、後で詳しく述べるように、屋根裏の梁《はり》や束柱《つかばしら》などに書かれたものは、大工や屋根葺き職人による落書きで、堂内に書かれたものは、参詣に訪れた人による落書き、ということになる。

これらの落書きは、墨で書かれているが、長い年月が経っているため、落書きが書かれている木材がかなり暗色化していることもあり、肉眼で観察しても文字がはっきりとは読みとれない

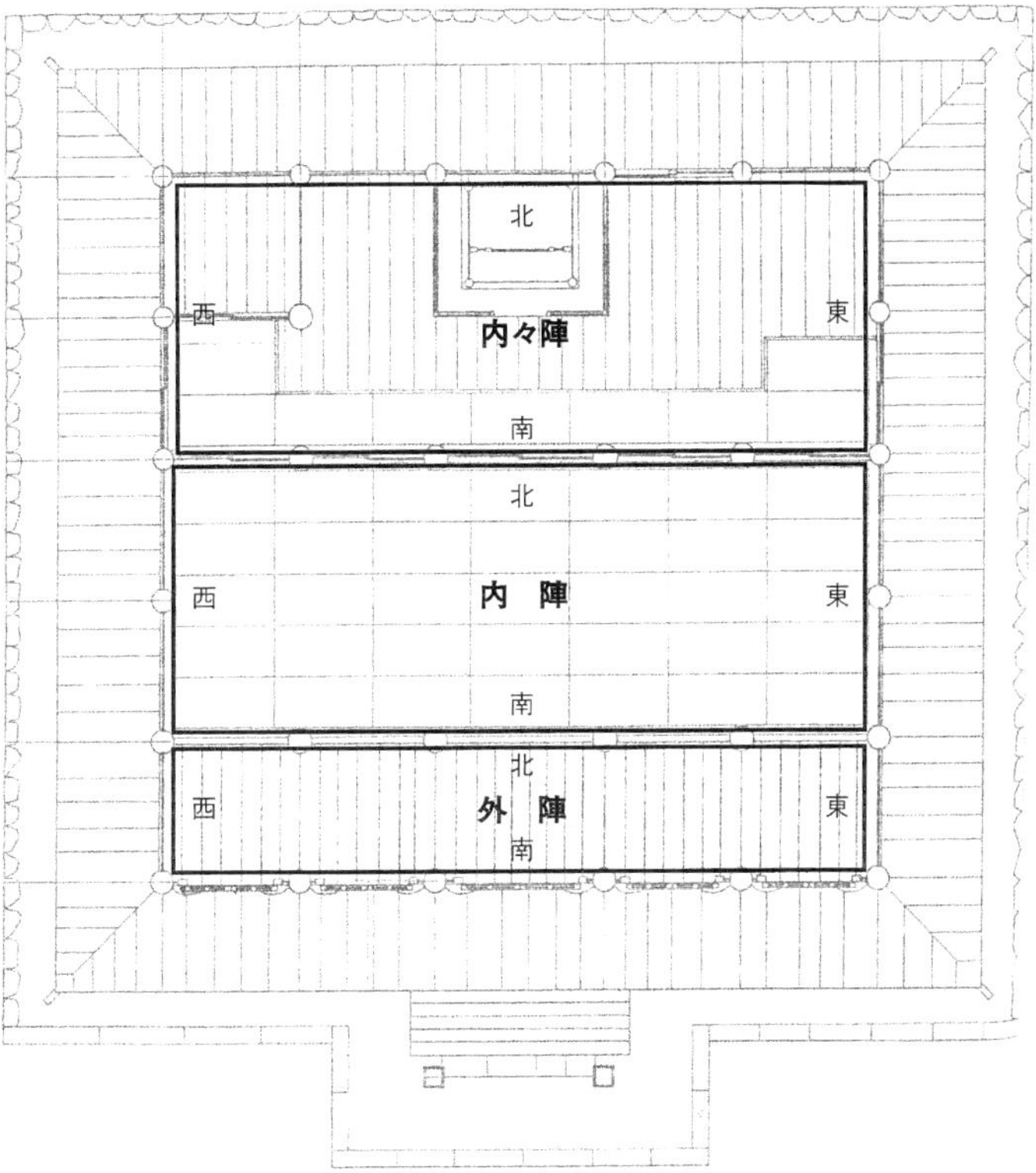

図５　若松寺観音堂平面図（『若松寺観音堂墨書調査報告書』2008年より）

図6　若松寺観音堂・屋根裏の調査風景

場合も多い。そこで、落書きを赤外線撮影することにより、文字の解読を試みることにした。

赤外線撮影は、田川新一朗氏（東北芸術工科大学、当時）が中心となって進められた。落書きの場所は、観音堂内部の全体にわたり、その数も多い。なかには、屋根裏や、堂内の高所に書かれているものもある。安定した撮影環境にあるとは言いがたい。そこで、市販のデジタルカメラを用い、できるだけ簡便な方法で撮影を試みることになった。市販のデジタルカメラの中には、「ナイトショット機能」が付いているものがあり、これにより、赤外線撮影をすることができるのである。

このようにして撮影された写真を、書かれている場所（屋根裏、内々陣、内陣、外陣）ごとに分類し、それぞれの場所に書かれた落書きを解読し、その特徴について分析した。

屋根裏の落書きからわかる改修時期

このうち、屋根裏に残っている墨書のほとんどが慶長十六年（一六一一）の観音堂修理工事の際に大工によって書かれたものであることが判明し、それにより、改修工事の時期を特定することが可能となった。屋根裏に書かれた年紀をまとめると、慶長十六年六月十日から二十日ころにかけて集中していることがわかった。

図7　若松寺観音堂・内々陣の落書き

改修工事に関わると思われる墨書は、屋根裏だけでなく、内々陣にもみえる（図7）。

〔若松寺観音堂内々陣〕

・御若まつ御こん里う」ときにふきやうつかま」つり申物なり」慶長拾六年」六月廿五日」高井喜左衛門尉」重次（花押）

・形見」書之」御堂」御建立之」砌如此ニ候」慶拾六」六月廿六日（花押）

前者は「御若松御建立時に奉行つかまつり申すものなり」とあり、「高井喜左衛門重次」なる人物の名と花押《かおう》がみえる。この人物は他にみえず、改修工事にどのような役割を果たしたのかは不明である。そもそも、この改修工事を奉行（担当）したのは、後述するように、当時「高擶館主」であった斎藤伊予守という人物であった。署名や花押の仰々しさに加えて、「奉行つかまつり申す」という仰々しい表現からは、誇らしげな気持ちを落書きに託している様子を読みとるべきであろう。

後者は、「形見にこれを書く。御堂御建立の砌《みぎり》、此の如くに候」とあり、やはりこれも、改修工事の完了の際に書いた落書きであろう。いずれにしても、慶長十六年六月二十五日前後に、若松寺観音堂の改修工事が一段落したことがこれらの落書きからわかるのである。

このことは、堂内の墨書の上限年代にも手がかりを与えることになった。すなわち、内々陣、内陣、外陣の壁や柱に残された参詣者による落書きの多くは、おおむね慶長十六年の改修以降に書かれたものとみてよいのである（永禄六年〈一五六三〉の「板絵著色神馬図」に書かれた落書きは除く）。

ただし、その後も度重なる改修工事が行われたため、現在の観音堂は必ずしも慶長十六年当時の状況をとどめているわけではない。とくに壁面の羽目板は、部分的に新しい板材を用いたり、古い部材を移動して再利用したりしている箇所もあるため、現存する墨書がもとの位置をとどめていない可能性があることに注意しなければならない。

さて、まず屋根裏の梁や束柱に書かれた墨書をみると、大部分が、慶長十六年六月に大工によって書かれたものである。「ぬき」「はりま」「ゆきま」などの、部材を説明する墨書も多くみられるが、なかには、大工が自らの名を記した墨書も数多くみられる（図8）。

・山かた□」慶長十六年六月十二日

・山へ十人高はし新兵衛」かた見〱

・天とう山へ村大く」高はし木左衛門

・おいのもり　ひうき左右門家」慶長拾六年六月廿日

・山形大工遠藤藤内」書之

・のへ」さわ」住人」左藤《ママ》」ひこ」二郎」かた」見〱」慶長」十六」年」六月」十日

新助」慶長」十六」年」六月」十二日」大く」天と」弥乃」ちゃ」新」助

・□」慶長拾六年六月十日大く

・天と」う」の」かわ」のへ」ちん」た」かた見」〱」慶長」十六」年」六月十八日」□□」たいく

図8　若松寺観音堂・屋根裏の落書き

・慶長拾六年六月十八日」か見〳〵

居住地、氏名、年月日などが書かれる場合が多いが、これらによれば、大工は天童市内の山家《やんべ》、老野森《おいのもり》などのほか、山形、延沢《のべさわ》などもみえる。すなわちこれらの墨書により、おおむね、天童を中心とする、山形県村山地域の大工が関わっていたことがわかる。

屋根葺き職人たちの交流

ところで、屋根裏には慶長十六年を中心とする落書きのほかに、明和七年（一七七〇）に屋根を葺き替えた際の、屋根葺き職人たちによる墨書も残されている。

・屋根ふき　人数左之通

下野目村　郡七

右同村　源左エ門

清水村　八五郎

小栗山村　助太郎

鹿原村　喜助

小泉村　長治郎

同村　助蔵

長清水村　仲蔵

沼ヶ袋村　八□□

右之通御座候並ニ」御貢情有之候と□□」指南御使可被下候以上」。とら」四月より相始申候

・仙台加美郡小泉村」助蔵葺替砌書之」明和七年五月十日

・明和七年」奥州加見郡長清水」忠兵衛葺替」之砌書之

この落書きは、『重要文化財若松寺観音堂修理工事報告書』（山形県、一九六九年）でもすでに紹介されていたが、あらためて調査をしてみると、釈読に誤りや不明な点が多かった。そこで再釈読を試みると、職人の居住地である村名のすべてを判読でき、しかもそれらが、いずれも宮城県加美《かみ》郡の「軽井沢越仙台街道（最上街道）」沿いに分布する村であることが判明したのである（図9）。これにより、明和七年の屋根葺き職人たちが、加美郡の各村から、軽井沢越仙台街道を通って若松寺にやってきたことが明らかとなった。「四月より相始申候」「葺替砌書之、明和七年五月十日」と書かれていることから、雪どけを待って山越えをして天童に訪れ、四月から屋根の葺き替えを開始し、おそらくは田植えの直前である五月十日に終了したのであろう。

さらに興味深いことに、若松寺文書によれば、享保十一年（一七二六）の葺き替えの際にも、「仙台寒郡長清水村」から職人がやってきたことがわかる。

図９　屋根葺き職人たちの落書に見られる村名（宮城県加美郡）

○「観音堂屋根替届」（若松寺文書　東村山郡史巻之二）

一、往古山形出羽太守源義光公御違例ニ付、祈病ノ御立願成就之後為謝礼、慶長十六年御堂御建立被成候。一切普請御奉行高擶館主斎藤伊予守、本尊御遷座導師山形柏山寺被仰付相勤候由、其節之別当山形柴来吽院玄真代、其以後幾度茂葺替有之相続来候。

一、今般悉零落を痛入、当処実乗坊良弁種々才覚働ニ而、御本堂並拝殿迄葺替仕畢。

享保十一丙午年六月四日

別当来吽院宥朝代　子息　治部卿良賢

如法堂英祐

福性院英繁

願主　実乗坊良弁

役人　円行坊宥昌

庄屋　斎藤次郎兵衛

屋根葺仙台寒郡長清水村

一喜平次　一七内　一喜助

一権内　一五郎七　一五助

一甚之平　一半兵衛　一甚五兵衛

一五郎七　一喜八郎
天童組
高木組　百姓中
山口組　　人足手足
いにしゑの果報いみしき人の名は
仏閣神社に残りこそすれ

この文書の前半には、最上義光によって若松寺が再建されたことの由来などが書かれている。これによれば、むかし、出羽太守であった最上義光が若松寺に病気平癒を祈ったところ成就したので、そのお礼として慶長十六年に観音堂の再建がおこなわれたという。この記載は、観音堂の落書きにみえる再建年代と合致している。また、「一切普請御奉行」として「高擶館主斎藤伊予守」の名がみえるが、この「斎藤伊予守」の名は、屋根裏の落書きにも、

・本願齋藤伊予寺《ママ》
出羽国天童所若大権眼□□

とみえている。この点も、落書きと対応していることが確認される。

さてこの文書によれば、「其以後幾度茂葺替有之相続来候」、すなわち、再建以後、幾度となく屋根の葺き替えが行われてきたことが述べられ、さらに、「今般悉零落を痛入、当処実乗坊良弁

種々才覚働ニ而、御本堂並拝殿迄葺替仕畢」、すなわち、このたび屋根の痛みが激しくなったため、「実乗坊良弁」が、種々の才覚をはたらかせて、ご本堂と拝殿の屋根の葺き替え工事を担当したとある。このとき職人としてやって来たのが、「仙台寒郡（加美郡）長清水村」の屋根葺き職人たちであった。

屋根裏の落書きに残っている明和七年のみならず、享保十一年にも加美郡から職人がやってきたことは、屋根の葺き替えの際に、恒常的に加美郡の職人がやってきた可能性をうかがわせる。なぜ、わざわざ加美郡から屋根葺き職人がやってきたのだろうか。この点に関しては不明だが、職人の活動範囲の実態を知る上で興味深い資料といえるだろう。

仏堂を訪れる人びと

堂内の落書きには、工人や参詣者がどこからやってきたのかを知る手がかりとなる地名が、数多く書かれている。「上山枕山（上山市）」「中野（山形市中野）」（以上、永禄六年の「板絵著色神馬図」）「天童住人」「ひがしね（東根）」「山形住人」「蔵増住人」「羽州村山郡上桜田村（山形市上桜田）」（以上、堂内）など、基本的には地元の天童をはじめとして、村山郡内（山形県村山地域）の地名が最も多い。ただし、中には「雲州住」という落書きが一点みられ、出雲国からも若松寺観音堂に訪れたようである。

だが、他地域から参詣に訪れることは、さほど珍しいことではない。他の仏堂墨書の例をみると、以下のような事例が確認できる。

図10　若松寺内陣の落書き

〔松尾山観音堂〕（山形市蔵王半郷）
「ひたち下たて住人」（＝常陸国下館住人）
〔正善院黄金堂〕（羽黒町手向）
「気仙郷住人」（＝陸奥国気仙郡気仙郷）
〔観音寺観音堂〕（白鷹町）
「関東下総之国下まつ十人やくち与三郎
七月十四日」（＝下総国）
〔松苧神社本殿〕（新潟県十日町市）
「山城国北白川住人東国一見罷者也　同行
三人□也　永正十二年三月十二日　渡辺源
四郎」（＝山城国北白川）
「越仲放生津　三方三光寺英全等也　永正四年丁卯卯月五日」（＝越中国放生津《ほうじょうつ》）
「河内国交野郡長寿山光通寺法雲庵住僧　永川同行三人也　永正四年卯月五日」（＝河内国交《かた》

野《の》郡）

むしろ若松寺観音堂では、割合からいえば天童を中心とした村山郡内の住人の落書きが多いように思える。たしかに遠隔地から参詣に訪れた人がいたことは事実だが、参詣者は、やはり地元の人間がきわだって多い。

工人や参詣者たちの書いた落書きから、修理や参詣に訪れた人々の出身地や居住地がわかり、それにより、寺院を媒介にした当該期の地域間交流の実態が個別具体的に明らかになることはたしかに重要である。しかしこの調査を通じてもうひとつ気づいたことは、各地から訪れたと思われる参詣者が書いた落書きに、ある一定のパターンがみられるという事実である。この、落書きのパターンに注目すると、ひとつの仏堂にとどまらない、落書きの普遍性を見てとることができるのである。そこで次に、仏堂に書かれた落書きの特徴について、みていくことにしたい。

「かたみかたみ」「あらあらこいしや」――落書きにみられる定型表現

現代の落書きをよく見ると、落書きには「定型表現」と思われるものがあるように思う。たとえば、「相合い傘」などは、その一例であろう。思い思いのことを書くように見えて、実は形式にしばられているのではないだろうか。仏堂に書かれた江戸時代初期の落書きにも、実は定型化した表現というのがある。

「かたみかたみ」―かたみに残す諸国巡礼―

最も多く見られるのは、次のようなものである。

「住所＋人名＋『かたみかたみ』（＋年月日）」

名前を記した後に、「かたみかたみ」と記す例は、調査を行った若松寺観音堂をはじめ、全国の寺社の同時代の落書きの中に確認できる。

〔若松寺観音堂〕

・はせ川神五郎」か藤」太郎二郎」青柳□」惣九郎かたミ〳〵」進藤助五郎かたミ」（内々陣「板絵著色神馬図」墨書）

・上山　枚山かたミ〳〵（内々陣「板絵著色神馬図」墨書）

・神すけ」かたミ〳〵（内々陣、図11）

・小野」長作殿」かたミ」〳〵（外陣）

図11　若松寺観音堂落書き「神すけ　かたミかたミ」

〔石行寺観音堂〕（最上三十三観音第七番札所、山形市岩波）

・横さハせん七郎」かたミ」成さハそうない」津嶋主馬」かたミ」（内陣西側面の小壁竪羽目板）

・当所　たなか」うし　かたミ〳〵」くさりたつかたミ〳〵」八月十日」天正廿一年」とく殿」様ひくわん」正楽寺仁位公」かたミ〳〵（背面の小壁竪羽目板）

・中野住人」川村や八郎」かたミ〳〵（西側面の小壁竪羽目板）

・中野住人　いた」かきひ小七」かたミ〳〵（西側

面の小壁竪羽目板）

（武田喜八郎『石行寺観音堂の落書について』石行寺、一九八九年）

〔松尾山観音堂〕（最上三十三観音第九番札所、山形市蔵王半郷）

・六月廿九日」上山□□」なかミね八郎女」天正十九年」かたミ〳〵」

・ひたち下たて住人」石神ひこ四郎かたミ〳〵」大せき忠八たそ□」山寺一見之時同」道五人」慶長十四年」九月十一日

（『旧松應寺観音堂保存修理工事報告書』）

〔金峯神社本社〕（鶴岡市青龍寺）

・元和四年五月廿五日書之」もがみ山がた住人　佐藤兵右衛門　かた見〳〵」只今ハ庄内鶴岡に居申事に候（内陣の板壁上部）

・元和四年六（月）廿五日」天野治右（衛）門」書之也」かたミ〳〵（紅梁）

・元（和）七年夜通」辻郷左衛門は」高山六蔵御御（ママ）下人」さとみ内蔵介は」せの尾みの千代」さま下人」片見〳〵

（『鶴岡市史資料編　荘内史料集一―二　古代・中世史料下巻』二〇〇四年）

〔正善院黄金堂〕（鶴岡市手向）

・慶長拾九年」六月十九日」気仙郷住人」金の雄作かたミ〳〵」気仙郷の住人」齋藤う衛門」かたミ〳〵」同道廿仁人也」

（『山形県史　古代中世史料2』）

〔護徳寺観音堂〕（新潟県阿賀町）

・日出谷の」住人井口」彦六書之也」かたミ〳〵」悪筆候へ共かき申候」かやうに申ハ日出谷之住人也」左衛門尉五郎殿下人」八郎右衛門尉□□□」かたミ〳〵

（『東蒲原郡史　資料編2』）

〔平等寺薬師堂〕（新潟県阿賀町）

・石井小七郎かたミ〳〵生年廿才」慶長□年書之

（『東蒲原郡史　資料編2』）

〔慈恩寺本堂〕（山形県寒河江市、寛永年間）

・長松様の御下人　次□め　これをかく　かたミ〳〵（西堂蔵北壁）

・慈恩寺ニまかり有候時書　かた見〳〵（弥勒の種子）一遍　あてらさわ十人　としは拾二ニなり　花蔵院之内（西堂蔵西壁）

住所、氏名、そして最後に「かたみかたみ」というフレーズが書かれる。参詣の何月日や年齢が記されることもある。

観音巡礼と「かたみかたみ」

この「かたみかたみ」というフレーズは、現在までのところ、たとえば十六世紀前半の墨書が残っている新潟県松苧神社にはみえない。このフレーズが登場するのは、おおむね十六世紀後半以降である場合が多く、また下限は十七世紀半ば頃までである。

「かたみかたみ」は、十六世紀後半〜十七世紀前半の仏堂の落書きにおいて、よく用いられたフレーズであったのだろう。興味深いことに、江戸初期の狂歌に、次のようなものがある。

観音の堂に打ちふ《（た）》るらく書をかたみに残す諸国順礼

池田正式「堀川百首題狂歌合」（『狂歌大観』所収）

池田正式《まさのり》（生没年不詳）は、江戸前期の俳人、狂歌作者で、寛文年間（一六六一〜七三）にかなりの高齢で没したと推定される。この池田正式の歌には、十七世紀前半の段階で、観音堂に書いた「らく書」は諸国巡礼の者が「かたみ（記念）」に残すためであったとはっきり歌われている。観音堂に「かたみかたみ」というフレーズを墨書するのは、当時の人々のこうした意識と、深くかかわっているものと思われる。と同時に、これらの落書きが、観音信仰にともなう巡礼と不可分の関係にあったことを思わせる。

仏閣神社に名を残す

もっとも、「かたみかたみ」のフレーズは、参詣者の記念という意味で書かれるだけでなく、建築工事の際に工人が書いた墨書のなかにもみえる。すでに紹介した若松寺観音堂屋根裏の墨書にも数多くみえるが、他の仏堂にも同様の例がある。

〔大泉寺観音堂〕（新潟県柏崎市）

文六仁年五月廿二日」西原与二郎右衛門これ」をするなり」かたミ〳〵（斗）

文六仁年五月廿二日これ」をいたすなり西原与二郎」一ノ二」かたミ〳〵（肘木）

（※文六仁年＝文禄二年〈一五九三〉）

（『重要文化財　大泉寺観音堂修理工事報告書』二〇〇五年）

「かたみかたみ」は、参拝の記念という意味だけではなく、自分の名を形見としてそこに残す、という意味がこめられており、仏堂に自分の名前などの文字を書き残すことに、大きな意味があると感じていたことを示しているのだろう。

その意味で興味深いのは、さきにもあげた「観音堂屋根替届」（若松寺文書）である。この最後には、

いにしゑの　果報いみしき人の名は　仏閣神社に　残りこそすれ

（むかしの果報めでたき人の名は、仏閣神社に残っているものだ）

という歌が記されている。改修や屋根葺きにかかわった工人たちが、屋根裏の部材に「果報いみじき人の名」として自分の名を残す意味で、これらの落書きが積極的に行われたのではないだろうか。

「あらあらこいしや」―仏堂墨書にみる男色の風―

落書きの中には、「あらあら恋しや」というフレーズがしばしばみえる。

〔若松寺観音堂〕

・あら〳〵こいしや（内陣）

・あら〳〵御こいしや」□□さま」ひかしねむら（内陣、図12）

〔護徳寺観音堂〕（新潟県阿賀町）

・あら〳〵」御こへし」やな井与三」兼十さまの」ひくわんわれ」五月書之（仏壇東外側奥間）

・あら御恋しやふれる」米五郎殿　かやうに申」物者奥州の住人かく二て」申物にて候、さい口おくもの（斗墨書）

このほかにも護徳寺観音堂には、「若もしさま恋しやのふ〳〵」や、「水沢住人、津河住人、二平弥五郎□□天下一之若もしさま□□□こんちやう来せのために一夜ふし申度存候、かやうに申物ハ黒川之住人佐藤かへもんあきすならぬ佐藤富衛□」など、「若もし」（美少年）に対する思いを書いたものが数多くみられる。ちなみに若松寺観音堂墨書には、全体の釈読が困難だが「若衆」「此一夜ふし申度候」と読めるものがあり（内々陣）、護徳寺観音堂と同じフレーズがあるのが確認できる。

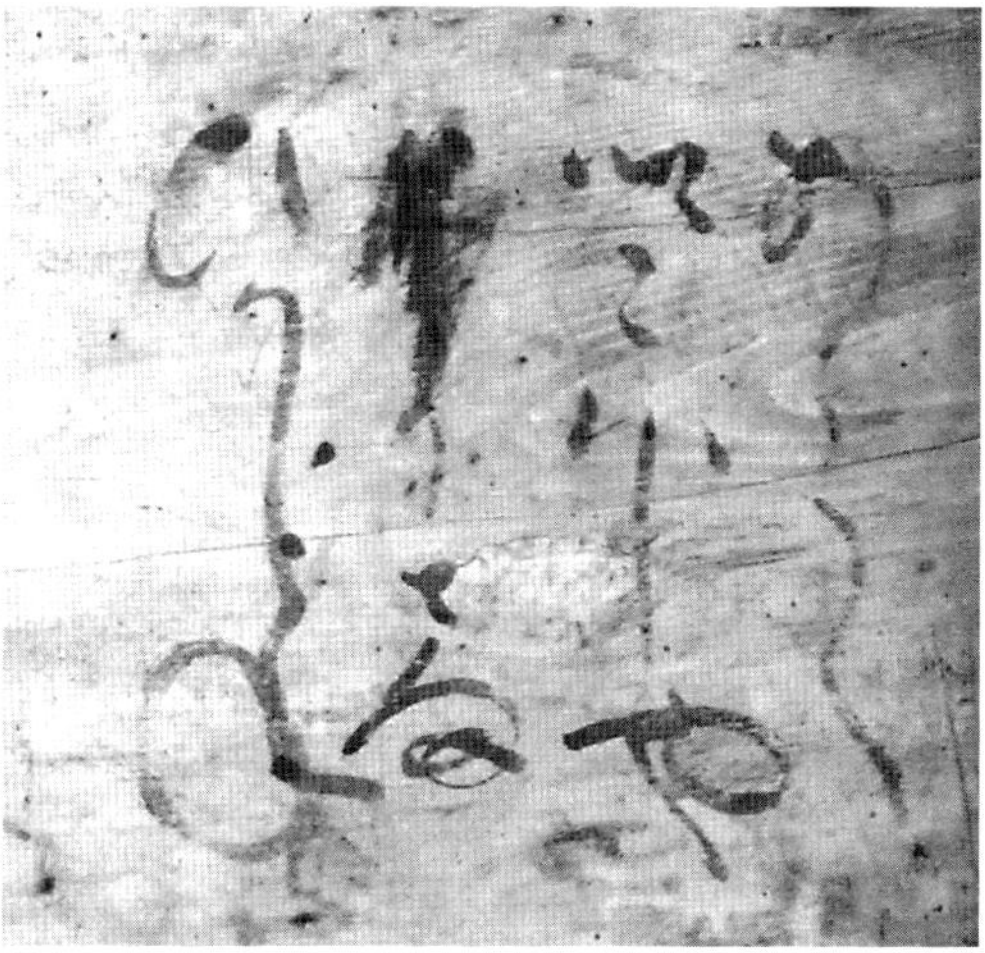

図12　若松寺観音堂落書き「あらあら御こいしや□□さま　ひがしねむら」

藤木久志氏が指摘するように、これらの墨書は中世に盛んだった男色の風を示すものである（藤木前掲書）。ほかにも、新潟県松苧神社にはじつに多くの男色の風を表す落書きがみえ（『重要文化財　松苧神社本殿修理工事報告書』新潟県、一九八二年）、これらは仏堂墨書に頻出するパターンの一つであったことは明らかである。

〔松苧神社〕（新潟県十日町市）

・かな寿との丶志り」しかうしたや」
なう〳〵かやうに」中物ハ藤九郎
いつも多丶いつもの」とこにいつも

いて」いつ物「

・別当坊上方様御恋しやなう〱」かう申物ハおかミにて文明十七年ニ信読之」大般若よミ申たる法師也」西院大阿門梨大律師密乗院増海と申者也」本寺ハ大泉寺之住侶也

・あら〱志りしたやなう〱」はつしやなふ〱御うれしやなふ〱

・ふくふくの御かたきさそ〱□めされ度候や」あら〱志り志たやのう〱」あわれよき若も□候て」御けちゑんのために仁四郎様志たや〱」かやうに申物也心中御さっそく」いつも〱□計してくらし申候」ひくれの面て見れ□見て」おえ候へく候やなく〱」か様ニ申候物也　御けん有て志け候家成

松苧神社は、十五世紀末の建築とされ、内部に書かれている落書きも、十五世紀末のものがほとんどである。「あらあら」「御こひしや」「志りしたや」「志りしかうしたや」などは、その典型的な表現といえるだろう。

さらに、現在調査中の、寒河江市の慈恩寺本堂の「堂蔵」部分の落書きにも、類似の表現をもつ落書きがある。前述したように、慈恩寺本堂の落書きは、書かれている紀年銘からみて、そのほとんどが江戸時代の寛永年間に集中している。

〔慈恩寺本堂〕（山形県寒河江市）

・あら〱御こいしやな白岩の住人千代松さまとのもとにおりしとき一夜ふし申度申し候そ

んし□□にんせん□□あら〳〵　七月七日之□（西堂蔵北壁）

・かた見として是を書いまひとたびのあうよし□さてさてのみをつくしおらぬに付てもなをなを一夜たらばはんやもふし申度候（西堂蔵西壁）

・あら〳〵御こいしやな（西堂蔵西壁）

・せめて一夜仕度之あら〳〵かた見〳〵（西堂蔵西壁）

・寛永七年書是　あら〳〵御こいしや千代末さましぬともいわつまのあひつわ申度候也　爰元に八月迄あらんとてなごりおしやな　八月十四日（西堂蔵北壁）

・若もし様（西堂蔵北壁西北隅丸柱）

ここに登場する「あらあら御こいしや」や「一夜ふし申度候」は、男色の風を示す常套表現としてしばしば落書きとして書かれ、「若もし様」も、美少年を表す表現として、仏堂の落書きによく見られる表現であることは、すでにみてきたとおりである。少なくとも寛永年間頃までは、この種の定型表現が用いられていたことがわかり、きわめて興味深い。

仏堂空間と男色の風とは、一見結びつきがたいようにも思えるが、むしろ当時の仏堂墨書の一つの特徴を示すものとして、積極的に評価すべきである。

仏堂には、信仰への思いとは関係のない、「いろはにほへと」と書いたものもある。

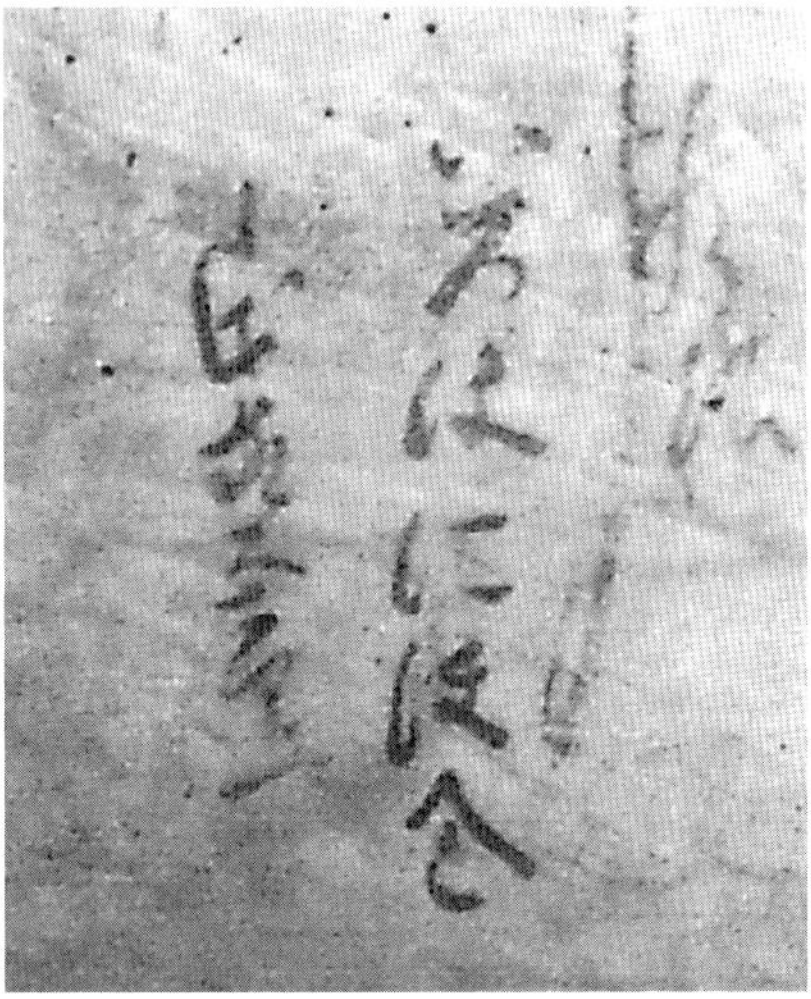

図13　若松寺観音堂の落書き「いろはにほへと」

「いろはにほへと」―手習いの落書き―

〔若松寺観音堂〕

・いろはにほへと」氏家五郎一（内陣、図13）

護徳寺観音堂（新潟県阿賀町）には、いろはの落書きが随所にみられ、「一二三四五六七」と数字を羅列したものもある。これらは、参詣のしるしとみるよりも、手習いで覚えた文字を書きつけたと考えるのが妥当である。後述するようにこれは、この当時の巡礼者たちの識字の実態を考える上で示唆的な墨書である。

いろは歌は、土器に書かれる例もあるが、これについては後述する。

「かたみかたみ」や男色の風を思わせる落書きは、若松寺観音堂の落書きにみえるだけではなく、そのほかの仏堂の、同時代の落書きにもあてはまるものばかりである。一見、気ままに書かれたと思える落書きは、決して、個性が表れている、といったものではないのである。あくまでも時代的な制約を受けているものであり、それはそのまま、その時代の社会を映し出す鏡になりうるのである。

かたみとなれや筆のあと

落書きされた歌を追って

歌を書き付ける、ということ

法隆寺に落書きされた「難波津の歌」

寺院や仏堂には、歌を落書きしたものがみられる。最も有名なものは、奈良県斑鳩町の法隆寺五重塔の天井に書かれた「難波津《なにわづ》の歌」である。「難波津の歌」とは、よく知られているように、『古今和歌集』仮名序《かなじょ》の中で紀貫之《きのつらゆき》が紹介している、次のような歌である。

難波津に咲くやこの花冬ごもり今は春べと咲くやこの花

これは、古くから手習い始めの歌として知られてきた。紀貫之は仮名序の中で、

難波津の歌は、帝の御初め也。おほささぎの帝（仁徳天皇）、難波津にて、皇子ときこえける時、東宮をたがいに譲りて、位につきたまわで三年になりにければ、王仁《わに》という人のいぶかり思いて、読みてたてまつりける歌なり。

と述べていて、この難波津の歌は、仁徳朝に、百済から渡来した王仁が詠んだ歌であるという伝承を紹介している。王仁（『古事記』では和邇吉師《わにきし》と表記される）は、応神天皇の時代に、『論語《ろんご》』と『千字文《せんじもん》』を伝えた人物としてよく知られている。

だがこの伝承は事実とは考えられない。そもそもこの難波津の歌は、「難波曲《なにわぶり》」という、いわゆる当時の民謡の一つとして、人々の間で歌われていた可能性が指摘されている（東野治之「平城京出土資料よりみた難波津の歌」『日本古代木簡の研究』、一九八三年、初出は一九七八年）。つまり王仁が読んだとする伝承は後に付会されたもので、実際には古くから人々の間で広く親しまれていた歌だったのである。

一九四七年（昭和二十二）、五重塔の初層の天井組子《くみこ》の上面に、墨で文字が書かれているのが発見された。解読の結果、「奈尓波都尓佐久夜己《なにわづにさくやこ》」と書かれていることがわかり、いわゆる「難波津の歌」を万葉仮名で書いたものであることが明らかになった。おそらく五重塔の建設工事の過程で、工事に携わった工人が戯れに書いた落書きであろう。文字

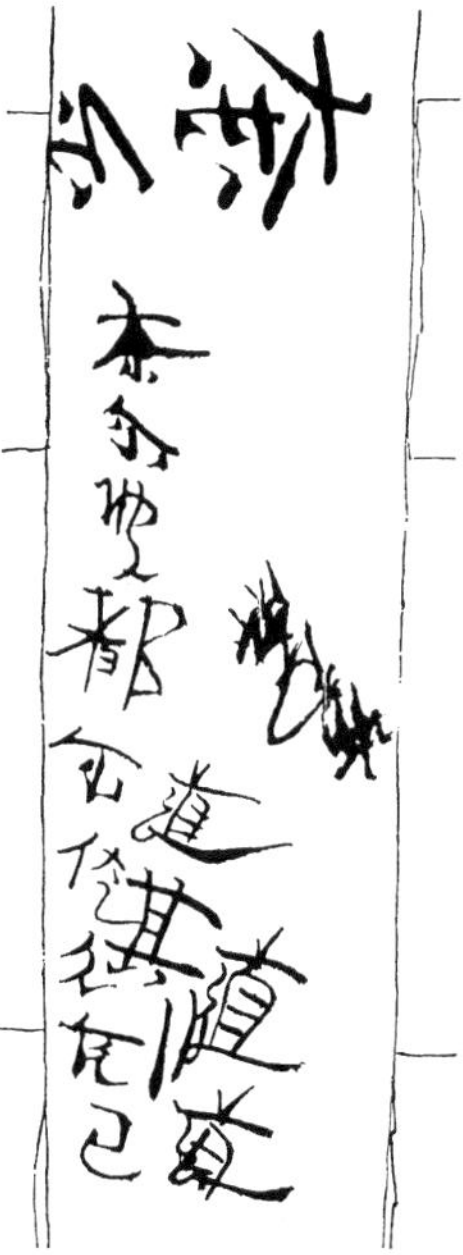

図14　法隆寺の落書き
（福山敏男『日本建築史研究　続編』墨水書房より）

の解読にあたった福山敏男氏は、「仕上げもすみ、仕口も作り、組入天井を造りつける前に削りたての木肌の清新さに誘惑された工匠たちによって思い思いに試みられた落書きであろう」と述べている（福山敏男「法隆寺五重塔の落書の和歌」『日本建築史研究　続編』墨水書房、一九七一年、初出は一九五三年）。

法隆寺五重塔は、七世紀後半の天智天皇九年に焼失したあと、五重塔は和銅四年（七一一）に再建されている。すなわちこの落書きは、五重塔が完成する直前、和銅四年以前に書かれたものであることは間違いない。

木簡にみえる難波津の歌

その後、平城宮からも、万葉仮名で難波津の歌を書いたと思われる木簡や墨書土器が出土するなど、難波津の歌の広まりの実態がさらに確認された。近年では、藤原京をはじめとする七世紀代の遺跡からも、難波津の歌を万葉仮名で墨書した木簡が出土している。

○藤原京跡左京七条一坊出土木簡（『木簡研究』二五、二〇〇三年）

・「奈尓皮ツ尓佐久矢己乃皮奈泊由己母利伊真者々留部止
　　大　太夫
　佐久□□□□□職職　　□□　□与　」

・「□皮皮職職職馬来田評　」

長さ三八七ミリ×幅三四ミリ×厚さ四ミリ

徳島県観音寺遺跡出土の難波津木簡は、七世紀後半の天武朝の頃のものと考えられ、難波津の歌の最古の資料ではないかと考えられている。

○徳島県観音寺遺跡出土第六九号木簡（『木簡黎明』飛鳥資料館、二〇一〇年）

「

奈尓波ツ尓作久矢己乃波奈

（長さ一六〇ミリ）×（幅四三ミリ）×厚さ六ミリ

出土文字資料に記された「難波津の歌」は、現在では約三〇点の事例が確認されており、その事例は都城のみならず、地方社会にもおよんでいること、そして、七世紀の段階から一〇〇年以上にわたって各地に広まっていたということがわかる。なぜ木簡にこの歌を書き付けたのか、議論のあるところだが、紀貫之が述べているように、「難波津の歌」は、古代の人々の文字の手習いの基本とされていたことと関係することは間違いない（三上喜孝「習書木簡からみた文字文化受容の問題」『日本古代の文字と地方社会』吉川弘文館、二〇一三年）。

醍醐寺に落書きされた和歌

京都の醍醐寺五重塔の天井板に書かれた歌もまた、有名である。五重塔の修理中に発見され、一九五六年（昭和三十一）年に公表されたもので、天暦五年（九五一）建立当時のものと推定されている。

歌には、片仮名で書かれたものと、平仮名で書かれたものがあり、このうち片仮名の歌は胡粉《ごふん》で書かれており、平仮名の歌の方は墨書である（伊東卓治「醍醐寺五重塔発見の仮名」『MUSEUM』一一四、一九六〇年）。「これら新出資料の平仮名は見るからに古様を帯びたものであり、中には立派に連綿体の完成しているものもあって、初期仮名書道考察に頗る重要なデータを提出するものであると思った。片仮名に至っては、従来見るを得なかった資料である。今回初めて現れたものであるから、更に一層の関心を呼ぶものであった」と、伊藤氏は述べている。伊東卓治氏の解読によれば、書かれていた歌は以下のようなものである（伊東卓治「醍醐寺五重塔天井板の落書」『美術史』二四、一九五七年）。釈文とともに、読みやすいように書き改めた表記もあわせて掲げる。

(1)北の間　毛筆白土書（片仮名）

カ須七良奴見乎宇千カ八ノ阿之呂二八
於保久ノヒ乎ゝ和州良八須カ七
（数ならぬ身を宇治川の網代には
多くの氷魚を煩はすかな）

(2)北の間　毛筆白土書（片仮名）

幾ノフ己曾フ千乎□天恵ホレ之カ
介フハニ久介仁カ介ノ美江州流

（昨日こそふちを□て笑ほれしか
今日は憎げに影の見えつる）

(3)北の間　毛筆白土書（片仮名）
左之カ八春江太之ヒト州に七リ八天八
ヒ佐之幾カけト太ノム八カリ曾
（差し交わす枝し一つになり果てば
久しき蔭と頼むばかりぞ）

(4)西南の間　毛筆墨書（平仮名）
あふ己止のあ介ぬ奈可らにあけぬれ
は和れ己曾可部れこゝろやはゆ久
（逢ふことの明けぬながらに明けぬれ
ば我こそ帰れ心やは行く）

(5)西南の間　毛筆墨書（平仮名）
比左尓己ぬ比止乎ま徒計のたま□美徒
和ま祢　可□〔け〕毛美江ぬ□〔奈る〕□〔良之〕
（久に来ぬ人をまつげのたまり水

すまね（ば）影も見えぬなるらし）

(6)西の間　白土書（片仮名）

□□　可能可は能　たひ

□　保□□□　那□

(7)東の間　毛筆ベンガラ書（平仮名）

な□□□□　尓あふ文の□

と支は和可□

(8)東の間　木筆墨書（平仮名）（左行から右行へと書いている）

とそたつ

无比能け不利

能た衣ぬお

□《ま》れ不し能祢

見无世見数

き見てへは

（君てへば見もせ見ずまれ富士の嶺の

絶えぬ思ひの煙とぞ立つ）

醍醐寺落書き歌の考察

これらの歌のうち、(1)の歌は、『拾遺和歌集』巻一三の八四三番歌、

数ならぬ身を宇治川の網代木におほくの日をもすぐしつるかな

とほぼ同じ内容である。

だが藤岡忠美氏は、落書きで書かれたのと同時代に編纂された『後撰集』九六六番歌（よみ人知らず）に類歌がみられるとする（藤岡忠美「醍醐寺五重塔の落書きの和歌」『王朝文学の基層』和泉書院、二〇一一年、初出は二〇〇六年）。

人を思ひかけていひわたり侍りけるを、まちどほにのみ侍りければ

かずならぬ身は山のはにあらねどもおほくの月をすぐしつるかな

「数ならぬ身は……多くの日（月）をすぐしつるかな」という骨格をなす部分は、共通していて、届かぬ恋の憂悶をうたう歌である点も共通している。

藤岡氏は、こうした類歌の存在について、「実らぬ恋の悩みという共通普遍の主題を、ハーフメイドの型の中でどんな比喩をつかって仕上げるかに本領がある」のだと述べている。この種の歌の「型」が、当時広く知られていたことを、この落書きは示している。

また、(4)の歌は、『伊勢集』に五一番歌として収められている、

逢ふことのあはぬ夜ながら明けぬれば我こそ帰れ心やは行く

とほぼ一致している。「夜が明けてしまい、自分のこの身は帰って行くが、心は決して帰らな

い」という意味である。

この歌は、藤原温子《おんし》の命によるもので、四季屏風絵を題にして詠んだ一八首の末尾にある。寛平八年（八九六）七月から翌年七月までの一年間という、早い時期の作とみられている（藤岡前掲論文）。

これらの歌について、犬飼隆氏は次のように考証している。『拾遺和歌集』の成立は寛弘二～四年（一〇〇五～〇七）、伊勢の没年は一説に天慶二年（九三九）とされる。この二首の歌は、十世紀半ばに実際に世に流布していた証拠であり、歌句が流動しながら人々の口にのぼせられていたうちの一つが、『拾遺和歌集』や『伊勢集』に採録されたのである（犬飼隆『木簡から探る和歌の起源―「難波津の歌」がうたわれ書かれた時代―』笠間書院、二〇〇八年）。

人々の口にのぼせられていた歌が、落書きとして書かれ、さらにそれが歌集に採録されるというプロセスがある、という指摘は興味深い。「難波津の歌」は、歌集に収められなかったという点ではやや異なるが、『古今和歌集』の序文において取り上げられている。つまり歌集に取り上げられる以前にすでに、人々に広く知られていた歌である、という点では、共通しているのである。

だがそれ以上に興味深いのは、これらの歌が醍醐寺の天井板に落書きされていたことの背景である。藤岡忠美氏は、これらの歌を書き付けた者を画工であるとし、文字の筆蹟の違いから、人数は数名以上、そして、落書きが書かれた時期は天暦五年（九五一）十月の竣工の直前である可能性が高いとしている。そして次のように述べる。

落書にとり上げられた歌はその場で作られたものではなく、おそらく画工たちの仲間内で好んで口承されていた既成の歌であったと思われる。（中略）そしてその本歌と落書歌との間には小異があり、その周辺にはその種の類歌が多く控えていることも、落書歌全体を通じて目立つことであった。ハーフメイド型ともいえるような、比喩部分を入れ換えれば成り立つ純愛一途の恋歌もあった。すなわち、高嶺の花への実らぬ恋のたぐいは心を和ませる歌材として親和力を持ち、仲間うちにもてはやされて口承の対象となり、おのずとさらに小異をもたらすことになったのであろう。

さらに藤岡氏は、落書きの歌の中に、屛風絵を詠む歌群中の一首があることなどから、宮廷関係の屛風絵・障子絵等から仏画制作や仏教建築の内部装飾まで、その職掌が広く及んでいた画工たちが、屛風絵などと接する機会を通じて、その歌ともなじんでいたのではないか、と推定している。

藤岡氏の研究が魅力的なのは、その落書きの歌が書かれた「場」についての想像力である。この論文（「醍醐寺五重塔の落書きの和歌」）の最後の段落は、とりわけ印象的である。

五重塔落成をひかえ彩色壁画の出来上ってゆく塔内の狭い空間のなかで、心柱をかこむようにして落書は書かれた。逝って間もない仲平や伊勢の上に思いは及ぶであろうし、画工の仲間内ならではの馴染みの歌も筆先にのぼったのであろう。そうした親和的状況が和歌同士の響き合いからも看取され、天暦五年当時の和歌生活の一端をかいま見る思いがするのである。落書きをした人々へのまなざしがなければ、落書きの歌の意味を解きあかすことはできないことを、藤岡氏の研究は教えてくれる。

歌集の歌を書いた落書き

このほかにも、歌集などで著名な歌が、落書きに書かれる例がある。たとえば、新潟県の松苧神社の十六世紀のものと思われる落書きでは、

山□〔々〕にかせのかけたるしら□〔みハ〕

という墨書がみえるが（『重要文化財　松苧神社本殿修理工事報告書』一九八二年）、これは、小倉百人一首の、

山川に風のかけたるしがらみは流れもあへぬ紅葉なりけり（春道列樹）

という著名な歌（出典は『古今和歌集』）を書き付けたものと思われる。

また、栃木県益子町の地蔵院本堂には、次のような歌が書かれている（加藤諄・熊谷幸次郎「中世金石文に関する二三の発見」『日本歴史』八七、一九五五年）。

とふさたつ□□山に舟木きる
木にきりかけつあたら舟木□

この歌とほぼ同じ歌が、『万葉集』巻三の三九一番歌にみえる。

　造筑紫観世音寺別当沙弥満誓歌一首

とぶさ立て足柄山に船木伐り樹に伐り行きつあたら船木を

後述するように、地蔵院本堂の落書きは、室町時代末期のものを中心としており、この歌が書かれたのも、おそらくはその頃であろう。調査をした加藤、熊谷両氏は、「江戸期の万葉集研究に先立って、この満誓の譬喩歌が、落書にまでされているということは極めて興味深い問題であるといわなければなるまい」と述べている。古い歌が、思わぬところにまで広まりをみせていることの好例であろう。

歌を寺の壁板に書き付ける—『太平記』の楠木正行—

歌を壁板に書き付ける事例として、『太平記』にみえる楠《くすの》木《き》正行《まさつら》の辞世の歌も有名である。楠木正行は、楠木正成《まさしげ》の長男である。正行は正成の死後、亡父の遺志を継いで、楠木家の棟梁となって南朝方として戦った。

貞和三年（正平二年〈一三四七〉）、楠木正行は、足利幕府の山《やま》名《な》時氏《ときうじ》・細《ほそ》川《かわ》顕氏《あきうじ》連合軍を摂津国天王寺・住吉浜にて打ち破った。これを受けて幕府は、楠木正行討伐のため、高師直《こうのもろなお》、師泰《もろやす》の派遣を決めた。この時楠木正行は、南朝方の吉野の行宮に向かい、後村上天皇に拝謁したあと、先帝・後醍醐天皇の御廟を訪れた。そのときの様子を、次のように記している（『新編日本古典文学全集　太平記』小学館による）。

その儘《まま》一族・若党二百余人、先皇の御廟《ごびょう》へ参り、今度の軍《いくさ》難儀ならば、一人も生きて帰り参らじと、各《おのおの》神水を呑んで誓約をなし、如意輪堂の壁に名字《みょうじ》を書き連ね、過去帳に入れて、その奥に

　帰らじと兼《かね》て思へばあづさ弓なきかずに入《いる》名をぞ留《とどむ》る

と一首の歌を書き留め、逆修《ぎゃくしゅう》のためにとて、各《おのおの》鬢《びん》の髪を少しづつ斬って、仏殿に抛《な》げ入れ、その日吉野を打ち出でて、敵陣《てきじん》へぞ向ひける（巻第二十五「山名時氏住吉合戦の事」）。

〈正行の一族・若党二百余人はその足で先帝の御廟に参拝し、今度の合戦が苦戦になれば、一人も生きて帰りますまいと、おのおのが神水を飲んで誓い、如意輪堂の壁に順に名字を書き、過去帳〔死者の法名・俗名・死亡年月日を記す帳簿〕の代わりとして、その奥に、

　帰らじと…〈生きては帰るまいとかねて覚悟の出陣なので、死んでゆく者の名を書きとどめることだ〉

と一首の歌を書きとどめ、死後の追善のために、それぞれ鬢の毛を少しずつ切って仏殿に投げ入れ、その日に吉野をうち出て、敵陣へと向かったのである〉

これによれば、楠木正行たちが出陣に先立ち、後醍醐天皇の勅願寺である如意輪寺《にょいりんじ》のお堂の壁に、出陣する者たちの名前と、歌一首を書きとどめたということである。

人名と歌を仏堂の壁に書き付ける、という点で思い起こされるのは、先に紹介した、新潟県阿

賀町の平等寺薬師堂の落書きである。

天正十七年（一五八九）、伊達政宗の会津乱入の噂を聞いた芦名方の武士たちが、越後国へ亡命する途中、平等寺薬師堂に籠り隠れたとき、松本伊豆守につきしたがった武士たちの名を、あかい又六という人物が薬師堂の壁に書き記している。さらに彼は、「黒川の　こゑ（恋）しき事かぎりなし　いつかかへりて　これをかたらん」という歌も書き付けている。

また、これも先に紹介したが、同じ平等寺薬師堂には、天正六年（一五七八）の御館の乱にさいして、薬師堂に訪れた人々の名前が記されている。

「同道」（一緒に来た者）として記された四人の名前のほか、討ち死にした人名も二〇名ほど書かれていた。これはいわば、『太平記』がいうところの、過去帳のような意味を持つ落書きだったのだろう。

戦乱に際して、武士たちが仏堂に自らの名前と歌を書き付ける、ということが、広くおこなわれていたことを推測させる。この点は、「仏堂に落書きされた歌」の意味を考えるうえでも、注目すべき視点の一つである。

歌を柱に書き付ける①—『御伽草子』の「和泉式部」—

仏堂の柱に歌を書き付ける、という話は、室町時代に成立した『御伽草《おとぎぞう》子《し》』のなかの、「和泉式部」という物語にもみられる。

和泉式部に生み捨てられた子が、やがて比叡山に預けられ、道命《どうみょう》阿闍梨《あじゃり》と呼ばれる法師になった。あるとき、法華《ほっけ》八講《はっこう》をつとめるために宮中に赴いたところ、そこにいた年上の女性を見初めてしまう。後日、柑子《こうじ》売りとなって宮中に入りこんだ道命は、その女性が自分の母親とも知らずに、一夜のちぎりを交わしてしまうのである。

翌朝、和泉式部は、道命が持っていた守刀に気づき、この守刀の由来を尋ねる。

「女性の身ならともかく、あなたのように男性が守刀を持っているのは、どういうわけですか」。

これに対して道命が答える。

「これは、わけのある刀でございます。どういうわけかと申しますと、私は、五条の橋の捨て子でございますが、養子の父により育ててもらったのでございます。また、私にこの刀を添えて捨てられたその刀なので、これを母と思い、肌身離さず持っているのです」。

心当たりのある和泉式部は、道命に次々と尋ねる。

「それでは、あなたは何歳におなりですか」。

「子どもの頃に捨てられたと聞いております。今はもう、大きくなりました」。

さらに、「産衣は何でございますか」とたずねたところ、道命は「菖蒲の小袖の褄《つま》に、一首の

歌が書かれておりました」といって、

百年にまた百年は重ぬとも七つ七つの名をば絶えじな

（百年にまた百年を重ねて年をとったにしても、七つ七つで十四歳という若い名を失いたくない）

という歌を答えたのである。

和泉式部は、自分の子を捨てた時、鞘をわが身のかたみと思い、これを肌身はなさず持っていた。その鞘を取り出して合わせてみると、疑いもなくもとの鞘であった。

この物語は、次のように締めくくられている（『日本古典文学全集36　御伽草子集』による）。

こは何ごとぞ、親子と知らで逢うことも、かかるうき世に住む故なり。これを菩提《ほだい》の種として、都をいまだ夜深《よぶか》に出でて、尾上《おのえ》の鐘の浦伝《うらづた》ひ、響きは何と飾磨潟《しかまがた》、霞《かすみ》を凌《しの》ぎ、雲を分け、播磨國書写《はりまのくにしよしや》へ上り、性空《しようくう》上人の御弟子となり六十一の年、得心し給ひける時、書写の鎮守の柱に、御歌を書き付け給ひ、かくばかり、

暗きより暗き闇路に生まれきてさやかに照らせ山の端《は》の月

と詠みて、書き付け給ひけるによりて歌の柱といふことは、播磨の國書写よりこそ始りたると申すなり。

（これは何ということか、親子の間柄と知らないで結ばれることも、このようなつらい世の中に住むからである。これを悟りを開く種として。都をまだ夜の深いうちに出て、尾上の鐘ではないが浦を

伝い、響きは何としようと飾磨潟を通り、霞をおしわけ、雲をかき分け、播磨国の書写山にのぼり、性空上人のお弟子となり、六一歳の年、道を悟られたときに、書写山の鎮守の柱に、お歌を書きつけられ、このように、

暗きより…「人は暗い闇の世から暗い闇の世に生まれて、光の世にのがれることができない。山の端の月よ、はっきりと照らしてほしいものだ」

と詠んで、書き付けられたために、歌の柱ということは、播磨国の書写山から始まったということである。）

出家し、性空上人のもとに弟子入りした和泉式部は、道を悟った六一歳のときに、播磨国の書《しょ》写山円教寺《しゃざんえんぎょうじ》の鎮守の柱に、歌を書き付けたという。「歌の柱」ということは播磨国の書写山からはじまったのだと、この説話は説明している。

説話じたいは荒唐無稽な内容だが、歌を寺院の柱に書き付けるという行為が、説話と結びついて説明されている点は、興味深い。

もう一つ興味深いのは、書写山円教寺が、西国三十三観音の二十七番札所となっているということである。これまでの事例をみると、仏堂の落書きは、観音信仰にともなう巡礼者たちによって書かれる場合が多い。各地の観音堂に落書きが残っているのは、そのことと関係すると思われる。書写山円教寺の場合も、あるいは、西国三十三観音の巡礼者たちによって堂宇に書き付けた

落書きの歌が、このような説話と結びついていったのかも知れない。

歌を柱に書き付ける②―『一遍聖絵』の白河の関―

歌を柱に書き付ける、という事例は、鎌倉時代に成立した『一遍上人絵伝《いっぺんしょうにんえでん》』（『一遍聖絵《ひじりえ》』）の中にもみられる。巻第五の第三段では、弘安三年（一二八〇）、信濃の善光寺《ぜんこうじ》から奥州に赴いた一遍一行が、陸奥国の白河《しらかわ》の関（現在の福島県白河市）に訪れたことが記されている（大橋俊雄校注『一遍聖絵』岩波文庫、二〇〇〇年）。

かくて白河の関にかかりて、関の明神の宝殿の柱にかきつけ給ける、

　ゆく人をみだのちかひにもらさじと

　　名をこそとむれしら川の関

白河の関は、平安時代の能因《のういん》法師の歌でも知られた、有名な歌枕《うたまくら》であった。そこを訪れた一遍は、その記念に、歌を柱に書き付けたのである。

同様の記述は、光明寺本『遊行上人絵』（山形市光明寺所蔵、奈良国立博物館）の詞書《ことばがき》にもみられる（最上義光歴史館『重要文化財　光明寺本　遊行上人絵』展示図録、二〇一三年）。

かくて白河の関にかかれけるに、関屋をつきのもるかけは、人の心をとむるなりけりと、西行か読侍りける、おもひ出られて、せきやの柱に書付け給ける、他阿弥陀仏、

　しら川のせきちにも猶ととまらし

図15　柱に歌を書き付ける他阿
（『遊行上人絵』山形市光明寺所蔵，奈良国立博物館提供）

心のおくのはてしなければ
聖（一遍）も又よみてかかれける。
ゆく人を弥陀のちかひにもらさしと
名をこそとむれしらかはのせき

なお、光明寺本『遊行上人絵』には、一遍の弟子である他阿が筆をもって、白河の関の関屋の柱に歌を書き付けている様子が描かれている（図15）。

歌を土器に書き付ける①―『万葉集』と『伊勢物語』―

柱に書き付ける事例のほかには、歌を土器に書き付ける事例もある。近年は発掘調査により、その実例も確認されているが、まずは文献に残されている事例をみていくことにしよう。古くは、『万葉集』の中にみられ、巻四の七〇七番歌に、次のようにある。

粟田女娘子《あわためのおとめ》が大伴宿禰家持《おおとものすくねやかもち》に贈る歌二首
思ひ遣《や》るすべの知らねば片垸《かたもひ》のそこにそわれは恋ひなりにける〈土垸《かたもひ》の中に記せり〉

〈思いをはらす手段が分からないので、片埦の底に沈んで私は片恋をする以外なくなりました〉

注目すべきは、注に「土埦の中に記せり」とあり、この歌を、土器の内面に記したと思われることである。この点は、実例ともかかわる問題であり、後述する。

もうひとつ有名なものとして、『伊勢物語』第六九段「狩の使」の末尾に、次のような記述がある。

女がたよりいだす盃のさらに、歌を書きいだしたり。取りてみれば、

かち人の渡れど濡れぬえにしあれば

と書きて末はなし。その盃のさらに続松の炭して、歌の末を書きつぐ。

またあふ坂の關はこえなむ

とて、明くれば尾張の国へこえにけり。

〈女性が、盃のさらに歌の上の句を書いて差し出し、これをみると、

「かち人の…〈このたびは、徒歩で川渡りする人が渡っても、裾が濡れない流れのような、浅いご縁ですので〉」

と書いてあり、下の句はなかった。そこで男はその盃の皿に、松明の炭で、歌の下の句を書き継いだ。

「またあふ坂の…〈私はまた逢坂の関を越えるでしょう〉」

と詠んで、夜が明けると尾張の国へ越えて行ってしまった。）

二人のうちの一方が、土器に歌の上の句を書き、もう一方が下の句を書く、という様子が描かれている。土器に書かれた歌は、男女の悲恋という文学的表現をもって語られているが、だとすればこの場合も、『万葉集』の場合と同様、土器の内面に歌が書かれていたのかも知れない。

歌を土器に書き付ける②―『宇津保物語』―

平安時代の物語である『宇津保《うつほ》物語』には、貴族たちの宴会の場面で、土器（かわらけ）に歌を書き付ける描写が、数多くあらわれている（三上喜孝「墨書土器研究の可能性」『山形大学人文学部年報』創刊号、二〇〇四年）。『宇津保物語』菊の宴には、次のような場面がある（『新編日本古典文学全集15　うつほ物語②』小学館による）。

北の方、かはらけにかく書きて出だし給ふ。

秋山に紅葉と散れる旅人をさらにもかりと告げて行くかな

源宰相

旅といへど雁も紅葉も秋山を忘れて過ぐす時はなきかな

北の方

あき果てて落つる紅葉と大空にかりてふ音をば聞くもかひなし

など言へど、気色も見せず。

『宇津保物語』には、集まった宴席で「かはらけ」（土器）に歌を書くこと、といった描写が、しばしばみられるのである。

また、『宇津保物語』蔵開・上にみえる次の話は、実に興味深い内容を含んでいる。

かはらけを見たまへば、女御の君の御手にて、

一よだに久してふなる葦鶴《あしたづ》のまにまに見ゆる千とせ何なり

と、例のよりもめでたく書きたまへり。大将、「いとめづらしく、今年二十年《はたとせ》あまりといふに、この御手を見るかな。いみじうかしこくもなりにけるかな」と見たまふ。あはれに、むかし思ほゆれど、涙も落ちぬべけれど、かしこく見入れて、懐にさし入れたまへば、「否、これに御酒を入れて参れ」とこそ内裏の上はのたまひつれ」とて、肌を指したまへば、「かく墨つきて汚なげなるは伝へじ。これこそ白けれ」とて、御机なる様器を取りかへて、かれは隠したまへば、人々、「例ならず、など納められぬる」と騒ぎ笑ふ。若宮、様器に、人々に、御酒入れさせたまふ。「多しや」と聞こえ給へど「否、否」とて、こぼさで参り給ふ。取りたまひて、宮を抱きながら、人々には参り給ふ。取りたまひて。

かくて、順の和歌、行正の少将の書きつくる御硯の近きを、さらぬやうにて筆を取りたまひて、御菓物《おほんくだもの》の下なる浜木綿《はまゆふ》に、かく書きたまふ。

あなめづらしや。

よろず代にまにまに見えむ葦鶴も古りにしことは忘れやはする

とて奉り給へば、宮入り給ひぬ。

〈差し出された杯をご覧になると、女御の君の御筆跡で、

「一よだに…〈たった一夜現れただけでも久しいという鶴が思いのままに見えるとしたら、千歳どころではない長い年月が期せることになりましょう〉」

と、常よりもすばらしくお書きになっている。右大将、「なんと珍しいこと。今年で二十余年ぶりにこのご筆跡を見ることよ。たいそうお上手になられたことだな」とごらんになる。しみじみと昔のことも思い出され、涙も落ちるほどであるが、懸命に抑えて拝見し、懐にその杯をお差し入れになるので、十の宮は、「いいえ、その杯にお酒を入れてお召し上がりなさい、と母上がおっしゃいました」とおっしゃって、右大将殿の懐《ふところ》のうちをさされたので、「このように墨が付いて汚れた杯は、お渡しするわけにはまいりません。これは白くてきれいですから」といって、御前の机にある器を取り替えて、先ほどの杯を取り隠されたので、人びとは、「普通はそんなことをしないのに、どうして懐に納められるのか」と笑い騒がれる。若宮は、その器に、人々に酒を注がせなさる。右大将殿が、「お酒の量が多いのでは」とおっしゃられるが、十の宮は、「いや大丈夫です」とおっしゃって、こぼさずに飲み干される。右大将殿は杯をお取りになって、宮をお抱きになりながら、人々に杯をすすめられる。またこれをお取りになって…。

こうして、順に巡る和歌のときに、行政《ゆきまさ》の中将が歌を書き付けるための御硯《すずり》がそばにあったので、右大将はさりげない顔で筆をお取りになり、酒の肴《さかな》の下を敷いた浜木綿にこのように書き付けなさる。

なんとまあ珍しいことでしょう。

よろづ代は…〈万代を思いのままに見る鶴も、昔のことを忘れたりしましょうか、いやいたしません〉。

差し出された杯を見ると、女御の君の筆跡で、歌が書かれている。興味深いのはこのとき、この杯を受け取った「右大将」が、懐かしさのあまりにこの歌の書いたかわらけを懐にしまったことである。歌が書かれているにせよ、墨書のある杯に酒を入れて飲むことは何の問題もないにも関わらず、女御の君の筆跡を大切に思うあまりに、使うことができなかったのである。それを見ていた人々は、「普通はそんなことをしないのに、どうして懐に納めるのか」と笑ったとある。ここから、宴会と和歌、そしてその歌を土器に書き付ける行為が、ごく自然に行われていた様子がうかがえる。

もうひとつ興味深いのは、「このように墨がついて汚れた杯は、お渡しするわけにはまいりません。これは白くてきれいですから」という発言から、この歌が、杯の内面に書かれている可能性が高いことである。土器に歌を書き付けるさい、土器の内面に書かれるという特徴は、これまで実際に見つかった和歌の墨書土器でも確かめられる。以下、和歌を書いた墨書土器の実例をみていくことにしよう。

和歌を書いた墨書土器①―平安宮左兵衛府跡出土の和歌墨書土器―

平仮名の和歌が書き付けられたと思われる平安時代の土器が、京都市の平安宮左《さ》兵《ひょう》衛《え》府《ふ》跡や、鹿児島県霧島市の気色《けしき》の杜《もり》遺跡などから発掘調査により出土している。

まず、平安宮左兵衛府跡から見つかった墨書土器についてみてみよう。

かな書きの和歌が書かれた墨書土器は、土師器の坏の体部内面の外縁に沿った位置に書かれていた。しかし完全に残っていたわけではなく、欠損、剝落のために、一部が欠けており、また、墨書の文字が薄れてしまって、判読しがたい部分もある。土器の年代は、一〇世紀前半から中頃のものとされている。

和歌の釈文については、研究者により若干異なるが、藤岡忠美氏による釈文案は、次の通りである（「平安宮跡出土墨書土器和歌を読む」『王朝文学の基層』、二〇一一年、初出は二〇〇五年）。

いつのまにわすられ
にけむあふみちはゆめの
□かは□なり
けり

藤岡氏はさらに踏み込んだ釈読を推定され、

　いつのまにわすられにけむあふみちはゆめのかべかはうつつなりけり

と読めるのではないかとし、「あなたとの逢瀬は壁に見える夢のような白日夢に過ぎなかったのか。いや現実のものだったのだ」と、この歌を解釈する。

断片的に残されたこの歌の復原も、興味深い問題だが、ひとつ興味深いことは、この歌が、土器の内面に書かれていたという事実である。これは、これまで見てきた文学作品で語られてきた、土器の内面に歌を書くという描写と一致している。

和歌を書いた墨書土器②―鹿児島県気色の杜遺跡出土の和歌墨書土器―

次に、鹿児島県霧島市の気色《けしき》の杜《もり》遺跡から出土した平仮名書きの墨書土器についてみてみよう（図16）。気色の杜遺跡は、大隅国府《おおすみこくふ》推定地とされる地にある遺跡で、とくに段丘の南端部の眺望の開けたところに、遺跡が所在する。

十世紀中頃の土師器の高台付の坏の内面に、「ちとせは／ふとも／さ□□□／あれ□□」と読める平仮名が書かれており、これは和歌の下の句を書いたものと推定される。

この墨書土器について考察した鈴木景二氏によれば、「ちとせはふとも（千歳は経とも）」は、慶賀や儀礼の歌の常套句であり、類似の歌として、次のようなものがあるという（鈴木景二「気色の杜遺跡出土の仮名墨書土器」『霧島市埋蔵文化財発掘調査報告書（12）気色の杜遺跡（大隅国府跡）』霧島市教育委員会、二〇一一年）。

『古今和歌集』巻第二十　大歌所御歌

大直毘のうた

新しき年の始めにかくしこそ　ちとせをかねてたのしきをつめ

日本紀には、つかへまつらめ万代までに

『拾遺和歌集』巻第九　雑下

なそなそ物語しける所に

わか事はえもいはしろのむすひ松　千とせをふともたれかとくへき

曽禰好忠

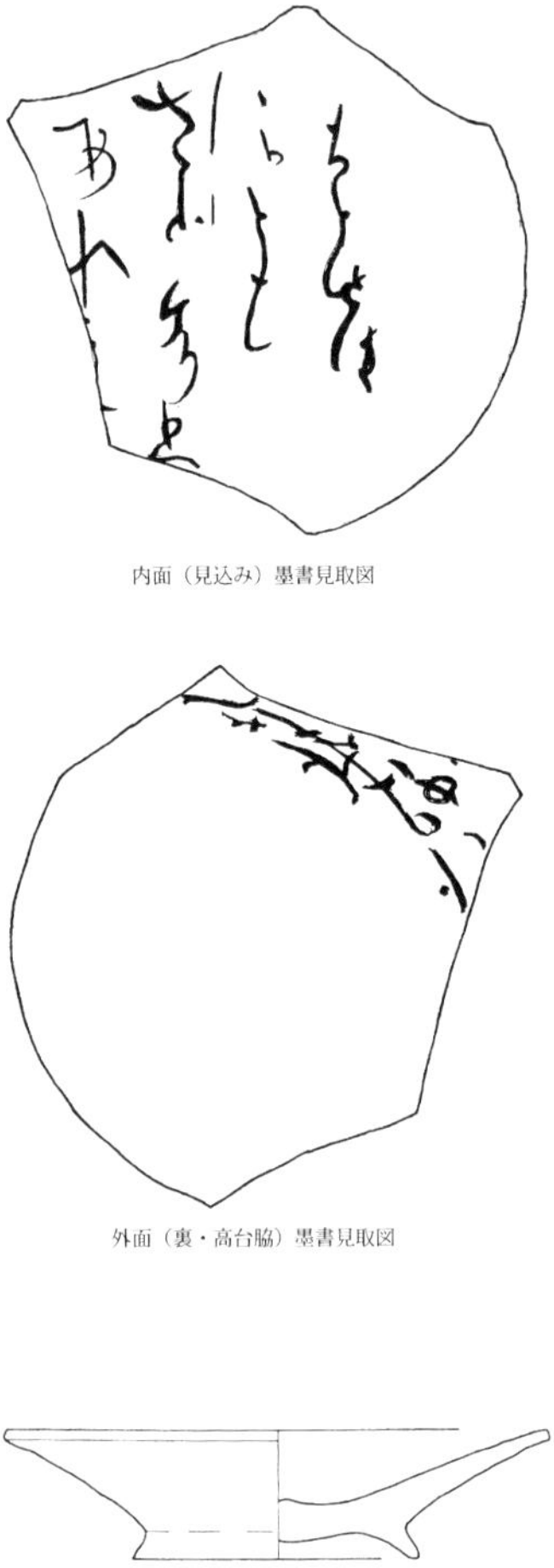

図16　鹿児島県霧島市気色の杜遺跡出土墨書土器（『霧島市埋蔵文化財発掘調査報告書12　気色の杜遺跡（大隅国府跡）』より）

『金葉和歌集』巻第五　賀歌

祝の心をよめる　　　　　　　　　　　　　　　　　　源忠季

君が代はとみのを川の水すみて　千年をふともたえしとそ思

こうした歌は、吉祥の言葉をふくんでいるものとして、慶賀の席などで歌われ、それが土器に書き付けられたのであろう。こうして歌は、多くの人々に共有され、書き付けられていくのである。

この歌は、今まで見てきた恋愛の歌というよりも、吉祥的な内容をもつ歌といってよいと思うが、やはり注目されるのは、この歌が土器の内面に書かれているという事実である。

歌が土器の内面に書かれるという事実は、何を意味するのだろうか。

歌がなぜ土器の内面に書かれるのか

『万葉集』などの文学作品、そして実際に出土した和歌墨書土器の多くは、歌が土器の内面に書かれている事実を示している。

和歌にかぎらず、古代には一文字ないし数文字を墨書した土器が全国で出土しているが、そのほとんどが、土器の外面に文字を記したものである。土器に書かれた文字は、保管するさいや消費するさいに、何らかの指標として「見せる」必要があるため、内面ではなく、外面に書く場合がほとんどなのである。

にもかかわらず、土器の内面に書くというのは、どういう意味があるのだろうか。すぐに思い浮かぶのは、呪術的な言葉を書く場合である。

『宇治拾遺物語』巻一四に、次のような話が伝わっている。

今は昔、関白藤原道長《みちなが》は建立中の法成寺《ほうじょうじ》の作業の進み具合を見るためにたびたび現地へ赴いていた。

ある日、門を入ろうとすると、連れていた犬が激しく吠え回って、道長を中へ入れようとしない。不思議に思った道長が、陰陽師・安倍晴明をよんできて、占いをさせたところ、道長を呪詛《じゅそ》する呪物が境内に埋めてあることを犬が気づき、飼い主である道長に知らせたのだという。

そこで、安倍晴明が指し示した場所を掘らせてみると、土器を二つ合わせて、黄色のこよりで十文字にからげてあるものが出てきて、中を開けてみると、土器の内側の底に辰砂《しんしゃ》（朱丹）で「一」という文字が書いてあったという。これは、道長を恨む藤原顕光《あきみつ》に語らわれて呪詛した老法師の仕業であった。

この説話は、墨書土器の呪術的性格を示す事例としてよく用いられる史料だが、注意すべき点は、この場合、土器の内側に辰砂で文字が書かれていたという記述である。墨書土器の中でも、文字が内側に書かれるのは、呪術的な意味あいの強い場合であることがこの説話からわかる。

実際、土器の内面に呪的な文言を墨書した事例としては、宮城県多賀城市山王《さんのう》遺跡多賀前地区から出土した九世紀頃の須恵器《すえき》の坏《つき》の内側に、病気が治ることを願う呪文が書かれたものがある。

「　此鬼名中六鬼知
申日病人（符籙）急々如律令
寅年人□□里□鬼神知也
即顕腹取□」

土器の内面にこれほどの文字が書かれている例は珍しく、内面の墨書が呪術的性格を帯びたものであることを如実に示したものである。

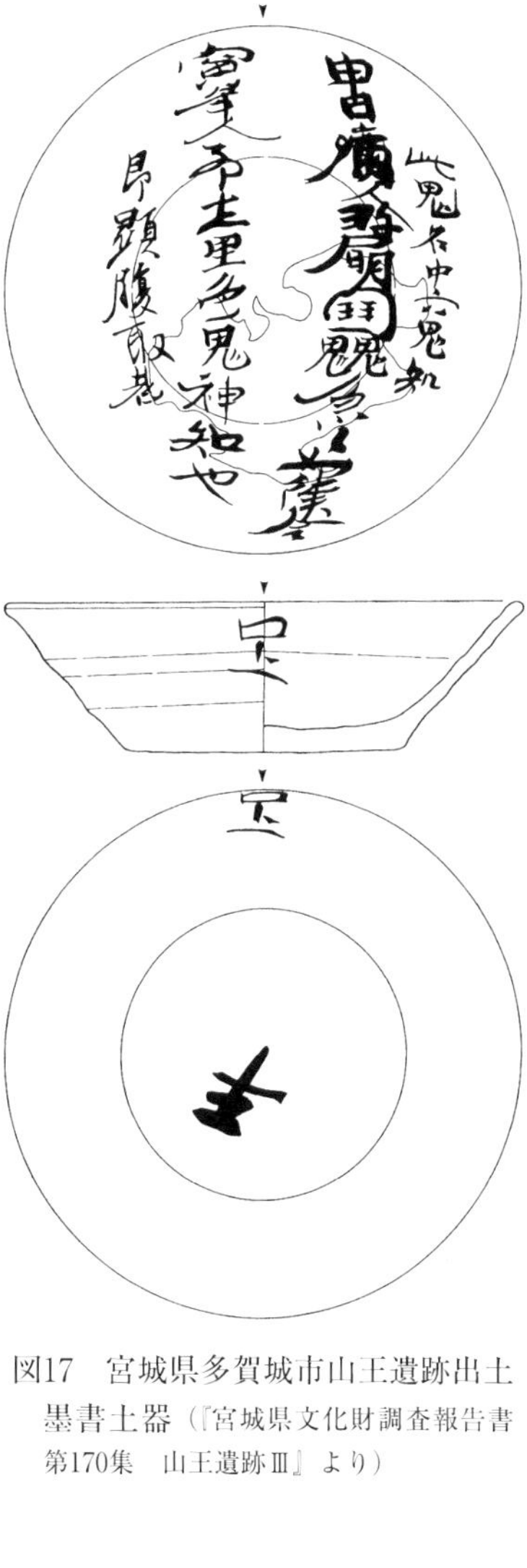

図17　宮城県多賀城市山王遺跡出土墨書土器（『宮城県文化財調査報告書第170集　山王遺跡Ⅲ』より）

話を墨書土器の歌に戻そう。土器の内面に歌を書き付けることに関して、藤岡忠美氏は、次のような興味深い指摘をしている（前掲論文）。先に取りあげた『万葉集』の歌の次の歌（七〇八番歌）に、粟田女娘子の歌がもう一首並べられている。

またも逢はむよしもあらぬか白たへの我が衣手に斎《いわ》ひとどめむ

「再会のかなうすべはないものか、私の袖にうやうやしく祈り、あなたをつなぎとめられるようにしたい」という意味である。藤岡氏は、この二つの歌を関連づけて、次のように述べている。「斎ふ」とは、ここでは高貴なものを尊崇する意だが、本来は呪言を誦して祈るまじないをいうのが原義とされている。とするならば、前歌において恋の思いを坃の内面の底に一首書き付けたことと共通し、娘子のひそかな恋情を祈りを込めて袖の内に封じ籠めようとする行為なのであった。ひそかな衷情を大切に封入することによって、呪力の発現を期待することが可能だったのである。

歌を土器の内面に書き付けることは、いわば呪文を書き付けることと同様の意味をもっていたのではないだろうか。ただしそれは、恋愛の歌にかぎったことではない。言祝ぎの歌なども、同様の意味をもっていたものと思われる。歌を書き付けることは、呪文を書き付けるに似た行為であることを、このことは示しているのではないだろうか。

いろは歌を書き付けた土器

いろは歌を土器に書き付けた事例もある。
三重県の斎宮《さいくう》跡から、ひらがなで書かれた「いろは歌」としては日本最古となる墨書土器が出土した。

平安時代後期にあたる十一世紀末から十二世紀前半頃の土師器とよばれる土器の皿の、内側に「ぬるをわか」、外側に「つねなら」と墨で書かれていた。繊細な筆跡で書かれており、また、土器の両面に書かれていることから、斎宮にいた女官が文字を覚えるために書いた習書の可能性が高いと考えられている。土器の年代からは、日本最古のいろは歌の事例であるともいわれている。

また、平安京左京三条二坊九・十町（現在の中京区堀川通御池北東周辺）の、「堀川院」とよばれる平安時代の貴族の邸宅があった遺跡の井戸跡から、平安時代末期から鎌倉時代初頭（十二世紀末から十三世紀初頭）の土器に書かれたいろは歌が発見された。

いろは歌は、土器の皿の底部外面に書き付けられていた。右端から余裕をもって書き始め、次第に余白が少なくなり、最後の行は、右端の余白に戻って書いている。

ゑひもせ□
いろはにほへ□
□りぬるを　わか
よた□□つねな

□むうゐ□□
×□まけふこ
××あさき
×□みし（×は、土器の欠損部分）

筆跡はやや未熟であり、文字が転倒している部分などもあり、初学者の手によるものではないかと推定されている。つまり、手習いのために書いたものである。

いろは歌は、儀礼や贈答にともなって土器に記した歌というよりも、手習い、あるいは筆ならしの意味で書かれている可能性が高い。土器の外面に書かれている事実は、そのこととも関係するのだろう。

前述したように、時代はくだるが、十六世紀以降の仏堂に落書きにも、いろは歌やその冒頭「いろはにほへと」が書き付けられている例がある（山形県天童市・若松寺観音堂、新潟県阿賀町・護徳寺観音堂など）。これらもやはり、手習いで覚えた歌として書き付けたか、筆ならしの意味で書き付けた可能性が高い。いろは歌は、文字、とくに仮名文字の習得を示す、一種のバロメーターのような役割を果たしていたのではないだろうか。

紀貫之による『古今和歌集』の仮名序によれば、古来、手習いの歌として、

難波津に咲くやこの花冬ごもり　今は春べと咲くやこの花

という「難波津の歌」があることはすでに述べた。この難波津の歌は、土器にも書かれている例がある。平城宮からは、九世紀前半の平安時代初期のものと思われる土器の底部外面に、

難波津の歌を書き付けた墨書土器

「□尔佐
波奈尔
久□□」

と書かれたものがある（『平城宮発掘調査報告』Ⅳ）。これは、第二行、第一行、第三行の順に「ナニハツニサクヤコ」の九字を落書きしているとみられる（東野治之「平城京出土資料よりみた難波津の歌」『日本古代木簡の研究』塙書房、一九八三年、初出は一九七八年）。このほかにも、平城宮から出土した土器の中に、難波津の歌の一部を記したと思われるものが出土している。

伊勢の斎宮跡からは、九世紀から十二世紀、すなわち平安時代前期から末期にかけての数多くのかな書きの墨書土器が見つかっているが（『斎宮歴史博物館紀要』一四、二〇〇五年）、そのうち、平安前期の土器の中に「奈」という字がくり返し書かれたものがあることを、藤岡忠美氏は指摘している（藤岡忠美「斎宮跡出土かな書き土器と難波津の歌」『王朝文学の基層』和泉書院、二〇一一

年）。藤岡氏はこれを、難波津の歌の書き出しの一字目の万葉仮名「奈」を、習書用に書いたものであるとしている。

また、富山県射水市の赤田Ⅰ遺跡からも、草仮名風の文字が書かれた土師器の坏が出土している。底部外面に、七ヵ所にわたって、二～四字ていどのまとまりで書き散らされているが、その一つに「奈尓波」という文字が確認できる。鈴木景二氏はこれを、難波津の歌の書き出しであると考え、「奈尓波」を含む草仮名の文字は、習書、試し書きとして書かれたものであろうとしている（鈴木景二「平安前期の草仮名墨書土器と地方文化─富山県赤田Ⅰ遺跡出土の平仮名墨書土器─」『木簡研究』三一、二〇〇九年）。難波津の歌が、文字を書くさいの手本の歌として、地方社会にくまなく浸透していた様子がうかがえよう。

藤岡氏は述べている。「難波津の歌が長期にわたって人びとにより暗誦され、広く伝播して生きつづけた理由は、それが習書の手本として愛用されてきたことによるものであることを、あらためて認識させられるのである」と。難波津の歌が広まっていくことの意味は、この言葉に尽きているように思われる。

以上、さまざまな事例を紹介したが、「土器に歌を書き付ける行為」が、現代的な意味での「落書き」という範疇でとらえられるかどうかは検討を要するだろう。だが少なくとも言えることは、仏堂の壁や柱、土器といった器物に歌を書き付ける、という行為は、古代から連綿と続いており、しかもごく自然な形で行われていた。そしてそれは、繰り返し口ずさみながら書き付ける「文字の手本」としての意味があったり、場合によっては、ある種の呪文のような意味合いが込められたりもしていた。「歌」とそれを「文字」化することとの関係は、「落書きを通じた和歌の広まり」を考える上で、見逃せない視点である。

「かたみの歌」の発見――落書きで広まった歌

「かたみとなれや筆のあと」

ここまで紹介してきた事例から、歌が落書きといかに密接に関係しているかがよくわかる。誰もが知っているような歌や、自分にとっての特別な歌が書き付けられるその一方で、まったく無名の歌が、ある時期に、各地で同時多発的に落書きとして書き付けられる例がある。これからとりあげるのは、落書きにみえる無名の歌をめぐる謎である。

若松寺の観音堂墨書の釈読を進めていくうちに、仏堂内に落書きされた歌の中に、同じものが複数書かれている例があることに気がついた。

〔若松寺観音堂〕

・かきおくもかた」みとなれやふて乃」□□いつく□□□□（内々陣、図18）

・爰元壱見之時書之」□からん□きのかたみとな」□□一ふてかくなむかき」おくもかたみとなれや」ふてのあとならむあ□」かたみ〳〵（内陣、図19）

判読不明なところも多く、これが和歌の一節であるかどうかはここからだけではわからない。だが、若松寺観音堂納札のひとつに、次のようなものがあることから、これが歌の一節を記したものであることが確認できた。

「　慶長拾七年六月廿七日書是　乍悪筆形見也

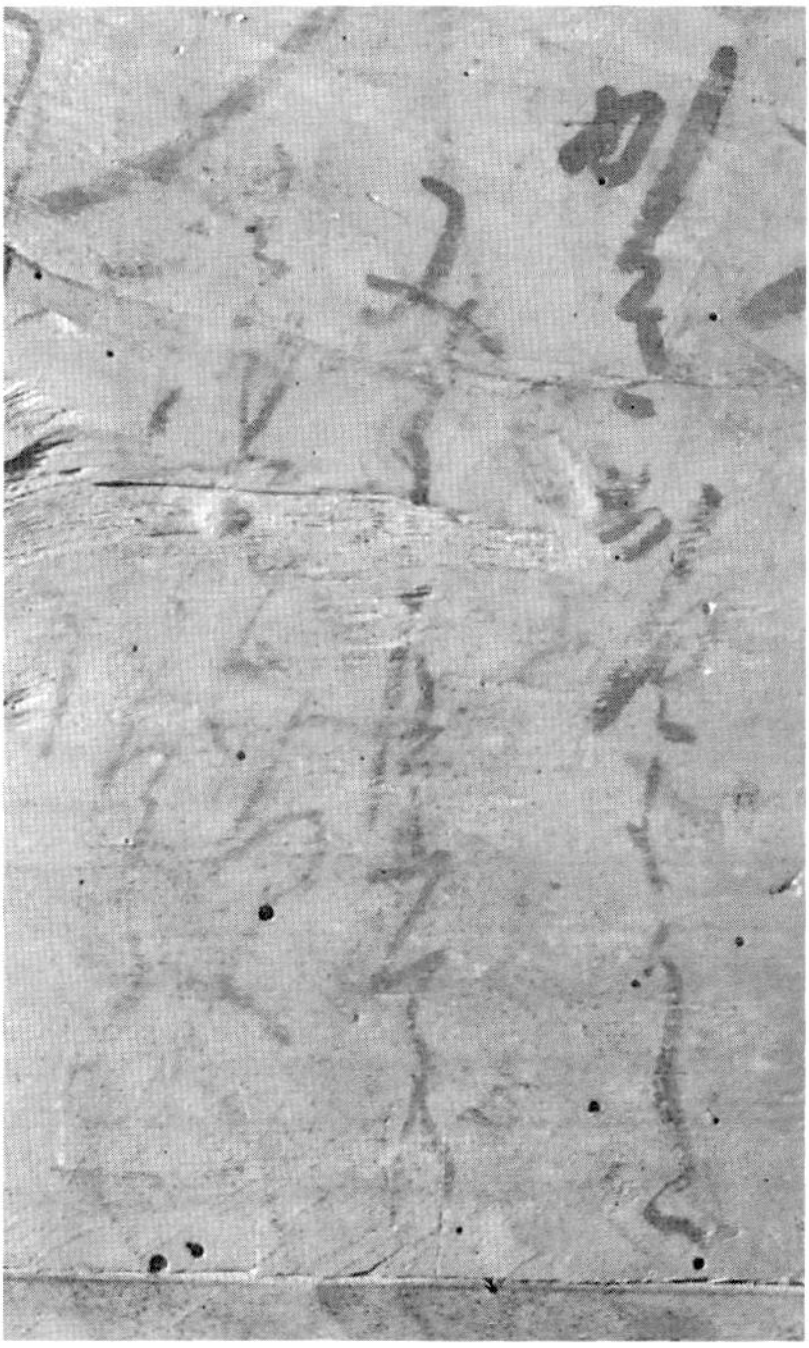

図18　若松寺観音堂の落書き「かたみの歌」①

奉納於出羽国立石寺　後藤喜右衛門（花押）
書をくもかたみとなれや筆のあと我はいつくの
つゆとなるとも」
（『山形県史　古代中世史料2』金石文一一八号〈三一六頁〉）

「書きおくもかたみとなれや筆のあと我はいずくのつゆとなるとも」と納札に書かれたこの歌は、同じ若松寺観音堂の壁に書かれた「かきおくもかたみとなれやふてのあと」というフレーズと同じである。落書きに書かれたこのフレーズも、この歌からとられていることは、間違いないだろう。

しかも、この納札をもう少し詳しくみてみると、「乍悪筆形見也（悪筆ながら形見なり）」というったフレーズがある。これは、たとえば新潟県阿賀町の護徳寺観音堂に「悪筆候へ共かき申候」とあるように、この当時の落書きの定型表現の一つであり、仏堂の落書きとよく似た表現が納札においても使用されている点が注目される。慶長十七年（一六一二）という年紀も、観音堂に残っている一連の墨書の年代と重なっている。

このことは、仏堂の落書きの性格を考えるうえで示唆的である。落書きには、巡礼の際の納札と同じ役割が期待されていたのではあるまいか。

それはともかくとして、この「かたみとなれや筆のあと」の歌（以下、「かたみの歌」と呼ぶことにする）は、同じ山形県内では他に松尾山観音堂にもみえる。

〔松尾山観音堂〕（山形市蔵王半郷）

けい」十六年」山」三」山のへ」拾人」村山」拾蔵」かたみ」〳〵」〳〵」〳〵」〳〵」
〳〵」五月十二日」成沢十人」そう二郎」かたみとなれ」やふてのあとわ」れやいすく之」
つちになるらん」五月二日」なるさわ十人」大にん」かたミ〳〵（内陣内方南面）

（『山形県史　古代中世史料2』に未収録。『旧松應寺観音堂保存修理工事報告書』所収）

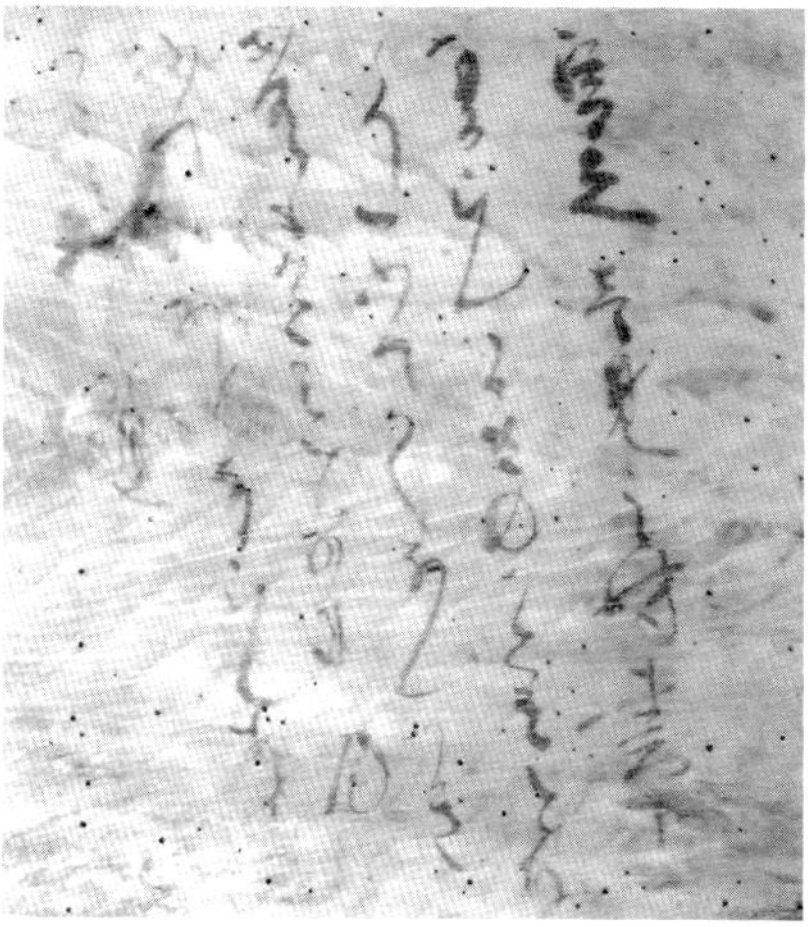

図19　若松寺観音堂の落書き「かたみの歌」②

ここには「かたみとなれやふてのあとわれやいすく之つちになるらん」とあり、やはり「かたみの歌」の一節である。若松寺納札にみえる「我はいつくのつゆとなるとも」とはやや異なっているものの、同じ歌を書きつけたとみてよいであろう。

同じ山形県内では、寒河江市の慈恩寺本堂においても確認される。

〔慈恩寺本堂〕（山形県寒河江市）

・書置も形見となれや筆のあと我は□□

の□□なるらん」（西堂蔵南東隅丸柱）

・かきをくもかたミとなれやふてのあとわれはいつくのつちとなるらん」（西堂蔵北壁）

・かたミとなれやふてのあとわれはいつくのつちとなる」（西堂蔵東壁）

・我は何処の土とも此しるしニ而（弥勒の種子）

・書置も形見となれやふてのあと我ハいツくの□」（東堂蔵南壁）

・書きおくもかた見□乃跡我はい□土とも成□」（東堂蔵東壁）

先述したように、慈恩寺本堂の落書きは、そのほとんどが寛永年間に集中的に書かれたものである。一つの仏堂でこれほど数多くの「かたみの歌」が書かれている例は今のところ確認されておらず、その意味で貴重な資料群である。これらは一人の手によるものではなく、書かれた時期も異なると考えられることから、この歌が実に多くの人に知られていた歌であることが明らかとなった。

さらに同様の和歌は、山形県内のみならず、新潟県の護徳寺観音堂や平等寺薬師堂にもみえる。

〔護徳寺観音堂〕（新潟県阿賀町）

・新春之」新春之御吉兆」此度」何方も御目出度」床敷可存候」かきをくもかたミと」なれや筆のあと」われやいつくのうらに」すむともこれをかく」天正廿弐年（仏壇東外側前間第一羽目板）

・若もし」さま恋しや」のふ〳〵」かきをくも」かたみとなれや」ふてのあと」我等いつくの」つちとならはや（仏壇東内側前間）

〔平等寺薬師堂〕（新潟県阿賀町）

・□□□たみとなれや」筆のあと我なるやばい」□□ひとりまかるらん」明暦弐年」申卯月九日（内陣東側面後間）

・慶安四年」卯月□□日」みし□□□」かたみと」なれや」筆のあと」我はいつく」の土と」□□らん（背面西脇間、第二羽目板）

完全な歌の形として書かれているわけではないものもあるが、いずれも「かたみとなれや筆のあと」の歌から派生して書かれていることは間違いないだろう。

幸いなことに、これらには、年紀が併記されているものもある。それぞれ天正二十二年（＝文禄三年〈一五九四〉）、慶安四年（一六五一）、明暦二年（一六五六）のものと確認される。

なお、護徳寺観音堂には、「書をくかたミとなれる物の　御覧候時のかたミともせむ　此分候共清七書之」という墨書もあり（東側面中央間北柱）、「書をく」「かたミ」が歌の一節と一致している。

この歌は、どのくらいの広まりをみせているのだろうか。さらにさがしていくと、四国八十八箇所の札所にも落書きとして書かれていることが判明する。高知県高知市の四国三十番札所善楽寺には、元亀二年（一五七一）のものとして、次のような落書きが紹介されている（前田卓『巡礼の社会学』ミネルヴァ書房、一九七一年）。

土佐の一の宮にて…何共やとなくて此宮にとまり申候、かきをくもかたみとなれや筆の跡我はいづくの土となるとも　元亀二年六月五日　金松」

これらは、後半が「露となるとも」「土となるらん」「土とならばや」など、細かな差異はあるものの、おおむね同じ歌を書いたものと考えてよい。

以上の事例をふまえると、「書きおくもかたみとなれや筆のあと我はいずくの土となるとも」という歌が基本的な形として、それが多少形を変えながら各地の仏堂に落書きされていたことが想定できる。

なお、山岸常人氏が紹介している滋賀県甲賀郡石部町の善水寺本堂の内陣にみえる大永三年（一五二三）の墨書も、この歌と関わる可能性がある（山岸前掲論文）。

一七日一時に□□□置候て参籠仕候

かきおくも

ぬ□れふしも

なからんふミのかたみ□

なれし
大永参年卯月七日より一七ヶ日参籠仕候
（後略）

完全に一致しているわけではないが、「かきおくも」「かたみ」の語が共通している。もし、この落書きが「かたみの歌」を連想させるフレーズであるとすれば、十六世紀前半段階で、すでにこの歌が知られていた可能性がある。

滋賀県善水寺の事例を別にすれば、「書きおくもかたみとなれや筆のあと」の歌は、おおむね十六世紀後半から十七世紀前半にかけて、仏堂の落書きを通じて全国に広がりを見せていたことがわかる。

だが、この歌はとりたてて有名な歌だったわけではない。『国歌大観』にも収められておらず、管見の限りでは作者不明の歌である。

また、この歌が落書きされた年代には幅があり、おおむね十六世紀後半から十七世紀前半という時期におさまる。一人の人間が各所で書いたというわけでなく、おそらくは巡礼をする多くの人々の間でこの歌が共有されており、およそ百年にわたって、全国の巡礼先で落書きされていったことが推定できる。

これは考えてみれば驚くべきことである。誰が作ったともしれない無名の歌が、巡礼をする人々によって、全国の仏堂に落書きされているのである。

これはいったい、何を意味するのであろうか。

じつは無名の歌が各地で確認されるという事例は、先ほど紹介した「難波津の歌」が、まさにそうであった。

古代の「難波津の歌」の広まり

「難波津の歌」は、『古今和歌集』仮名序の中で紀貫之によりたまたま紹介されたがゆえに知られていたものの、本来は、作者不明の無名の歌である。『万葉集』にもおさめられていない。紀貫之も、この歌を「手習いはじめの歌」として紹介しているのである。

近年、この「難波津の歌」を含む和歌が木簡に記されている事例が数多く確認されるようになり、「歌木簡」といわれる場合がある。近年の研究では、これを官人が、儀式や歌宴に際して歌うために書きつけた木簡であり、官人たちはこれを手に持って、儀式の場で歌を朗詠したのだ、とする仮説が提出されている（栄原永遠男『万葉歌木簡を追う』和泉書院、二〇一一年）。

だが、法隆寺の落書きにもみられるように、「難波津の歌」は、必ずしも儀式の場で歌うために木簡に記された、とばかりもいいがたい。この歌の広まりには、もう少し別の要因を考えなければいけないようである。

私はここに、「かたみの歌」との共通点をみる。「かたみの歌」の広まりは、一つの歌が各地で共有されている点、また、それが文字に書かれている点において、現象的には、古代における

「難波津の歌」の広まりと非常によく似ている。それがいったい何を意味するのかは不明といわざるをえないが、人びとがひとつの歌を共有することと、文字化することへの衝動が、わかちがたく結びついていると思えてならない。あるいは、「難波津の歌」と同じように、「かたみの歌」は、諸国を巡礼する人びとにとって、一種の「手習いの歌」として知られていたのではないだろうか。

では、十六世紀後半から十七世紀前半にかけて、なぜこの「かたみとなれや筆のあと」がことさら選ばれ、このような広がりをみせたのだろうか。これについても理由は不明といわざるを得ないが、参詣の際の落書きとしてふさわしい内容をもつ歌であることは確かである。注目されるのは、この歌にもやはり「かたみ」というキーワードがみえることである。この時期の落書きに多く見える「かたみかたみ」というフレーズと密接な関係を持つことは、いうまでもないことだろう。仏堂に書き付けることを「かたみ」とする意識が、参詣者の落書きに込められていたということが、この歌からもうかがえるのである。

こうした歌が、人々により、半ば無意識的に広まりを見せる現象は、どのように説明したらよいのだろうか。ひとつの説明の仕方として、歌そのもののもつある種の呪術性である、ということが可能かも知れない。ただその場合の「呪術性」とは、歌の内容に秘められた「呪術性」ではない。繰り返し人々の口にのぼっているうちに、いつしかその歌が「呪文」のようになり、広まりを見せていくのではなかろうか。つまりもともと「呪術性」を持つ歌であったのではなく、多くの人々によって繰り返し歌い継がれ、手習いの手本のごとく書き継がれることによって、まるで呪文のような意味を持たされたのである。「難波津の歌」も、「かたみの歌」も、そのようなものとしてとらえなければならない。

「かたみの歌」のルーツ①―『平家物語』―

この「かたみの歌」そのものの出典は、現在までのところ不明である。だが、「かたみ」という言葉をモチーフにした歌は、中世以降、さまざまな文学作品の中で歌われていたものである。

たとえば有名な『平家物語』巻一〇の「首渡」に、次のような話がある。寿永三年（一一八四）二月十二日、一ノ谷の合戦で討ち取られた平氏の首が都に到着した。源範頼《みなもとののりより》、源義経の強硬な主張で、この首が京中にさらされることになった。平維盛《たいらのこれもり》（三位中将）の妻（北の方）は、夫の身を案じていたが、生きながらえていた平維盛から書状が届く（以下、『日本古典文学全集　平家物語　二』小学館による）。

（前略）三位中将（平維盛）もかよふ心なれば、「都にいかにおぼつかなく思ふらん。頸共のなかにはなくとも、水におぼれても死に、矢にあたッてもうせぬらん。此世にあるものとはよも思はじ。露の命のの末ながらへたると知らせ奉らばや」とて、侍一人したてて都へのぼせられけり。三つの文をぞ書かれける。まづ北の方への御文《おんふみ》には、「都にはかたきみち〳〵

て、御身一つの置き所だにあらじに、をさなき者共引具《ひきぐ》して、いかにかなしうおぼすらん。是へむかへ奉《たてま》ッて、一所《ひとところ》でいかにもならばやとは思へども、我身こそあらめ、御《おん》ため心苦しくて」なンど、こまぐ〵と書きつづけ、おくに一首の歌ぞありける。

いづくともしらぬあふせのもしほ草かきおくあとをかたみともみよ

〈三位中将〈平維盛〉も、離れても心は互いに通じるものなので、「都でどんなに気がかりに思っているだろう。首どもの中には自分がいなくても、水におぼれて死んだり、矢にあたってでも死んだろうと思っていよう。この世に生きているものとはまさか思うまい。はかない命を生きながらえているとお知らせしたいものだ」といって、侍一人に命じて都へお上せになった。三通のお手紙を書かれた。まず北の方へのお手紙には、「都には敵がいっぱいいて、あなたの身だけでも置き所はあるまいと思われるのに、幼い子どもを連れて、どんなに悲しく思っておられることだろう。ここへお迎えして、同じ所で一緒に死にたいとは思うが、自分の身はなんとかなっても、あなたのためにお気の毒でよぶことができない」と、こまごまと書き続け、終わりに一首の歌があった。

いづくとも…〈いつどこで逢う機会があるともわからない海に漂う海草——藻塩草——のような私が、書き残しておくこの手紙の筆跡を記念《かたみ》とも思って見てください。〉〉

物語中にみえる「かきおくあとをかたみともみよ（書き残しておくこの手紙の筆跡を記念と思って見てください）」の歌は、「書きおくもかたみとなれや筆の跡」とよく似ている。ここで重要なのは「跡」、つまり筆跡である。筆跡を残すことが「かたみ」であるという考え方が、両者の歌には共通しているのである。

なお、この歌によく似た歌が、中世の紀行文である『十六夜日記』の中にもある（守谷英一氏のご教示による）。

和歌の浦にかきとどめたる藻塩草これを昔のかたみとは見よ

（和歌の家に書き残して伝えられてきた、貴重な歌書です。これを故父上の形見と思って、大切にして下さい）

つひによもあだにはならじ藻塩草かたみを三代の跡に残さば

（将来ともに決して、無駄になるようなことはありますまい。三代にわたる家の大切な歌書を、母上が私に形見として見よとお残しくださいましたからには）

これらは、歌書を形見とするという意味で、かなりニュアンスは異なるが、「かきとどめたる」「かたみ」などの表現は類似している。

「かたみの歌」のルーツ②―『太平記』―

『平家物語』と同様、軍記物語として有名な『太平記』の巻第四「笠《かさ》置《ぎ》城《じょう》の囚人罪責評定の事」にも、「かたみの歌」に近い歌がみえる。

元弘元年（一三三一）にはじまる元弘の変は、鎌倉幕府の倒幕を企てた大覚寺統の後醍醐天皇と、鎌倉幕府との間でおこなわれた戦いである。後醍醐側は、山城国笠置山で挙兵するが、幕府側は、足利高氏、新田義貞らを討伐軍として差し向け、笠置山を陥落させた。後醍醐天皇の側近の一人であった万里小路藤房《までのこうじふじふさ》は、この時捕らえられ、常陸国《ひたちのくに》に流されることになった。

『太平記』では「ことさらこの藤房卿の心中は、推し量るにも過ぎて哀れなり」と書いている。その理由は、左衛門佐の局という容貌の類ない女房に恋い焦がれていたためである。女房への思いを断ち切ることのできない藤房は、ある行動に出る。以下、『太平記』から、その記述を見ていくことにしよう（『新編日本古典文学全集　太平記』小学館による）。

藤房卿、為方《せんかた》なく思ひあこがれて、待ちみる事もかた糸の、いとど思ひに絶えかねて、鬢《びん》の髪少し切って文にこめ、歌書き添へて出でられたり。

黒髪の乱るる世にもながらへば是を今はの形見とはみよ

と。女房やがて帰りて信《かたみ》の髪と文を見て、よみては泣き、泣きては読み、千度百度巻き返せども、心乱れて泪《なみだ》の糸くるしや、さても我が思ひ、せめてはその人の在所をだにも知りたらましかば、いかなる虎臥す野辺、鯨のよる嶋なりとも、尋ねあくがれ行くべきものをと、独り悲しみ思へども、その行末たしかに聞き定めたる事なければ、また逢《あ》ふまでの命ながらふべしとも覚えずとて、

書置《かきおき》し君が文章《たまづさ》身に添《そへ》て後の世までの信《かたみ》とやせん

と書き置きて、形見の髪を袖に入れ、大井川のあたりにて、底の水屑《みくず》となりにけり。君の一日の恩のために、妾《しょう》が百年の身を誤るとは、かやうの事をぞ申すべきと、聞く人も袖をぞぬらしける。

〈藤房卿は仕方なく、思い焦がれて待っていたが、会うこともできず、恋心を抑えかね、鬢の毛を少し切って手紙に巻き込み、詩を書き添えて彼女の部屋を出てこられた。

黒髪の…〈この乱世にあなたが生き長らえることができるならば、この髪の毛を私の最後の形見としてみてください〉

と詠んだ。出先からすぐに戻った女房はこの形見の髪と手紙とを見、読んでは泣き、泣いては読んで、百回も千回も手紙を巻き返したけれども、心は乱れ、涙は頬を伝わって流れる苦しさよ、それにしても私の願いは、せめてあの方の居所だけでも知ることができれば、たとえ虎のひそむ野辺であろうと、鯨の押し寄せる島であろうと、尋ねさまよい行くものをと、一人悲しんで思ったけれども、中納言の行方をはっきり聞いて分かっているわけではないので、再会する日まで命を長らえ得るとも思われないと、

書置し…〈私に書き置いてくださったお手紙を我が身に添えて、現世はもちろん、死後の世までの形見にするのでしょうか〉

と書き置いて、中納言の形見の髪の毛を袖に入れ、大堰《おおい》川のあたりで身を投げてしまった。「あなた

のわずか一日の恩愛のために、私の一生涯を誤った」と白楽天の詩にあるのは、このようなことをいうのであろうと、話を聞いた人々は涙を流すのだった。）

藤房は女房に、形見の「髪」と、一首の歌を送るのだが、注目したいのはこの「書置し君が文《たま》章《づさ》身に添て後の世までの信《かたみ》とやせん」という歌である。この歌にみえる「書き置きし」「かたみ」は、「かたみの歌」とも通ずるフレーズである。ただしこの歌では、「跡」、つまり筆跡を「かたみ」とするという直接的な表現はなく、「文章」そのものを「かたみ」と考えている。

この「書き置く」と「かたみ」の言葉の結びつきは、先に紹介した、滋賀県甲賀郡石部町の善水寺本堂の内陣にみえる大永三年（一五二三）の落書きにも確認される（山岸前掲論文）。ここには、「かきおくも　ぬ□れふしも　なからんふミのかたみ□なれし」とあり、「かきおく」と「かたみ」の語がやはり結びついている。両者の結びつきは、よほど強固なものであったと考えざるを得ない。

『平家物語』の場合も『太平記』の場合も、歌の中に、「書き置く」と「かたみ」がセットになって使われているという点が共通している。まったくの推測にすぎないが、軍記物語などで歌われたこれらの歌は、「かたみの歌」を生み出す前提となった歌なのではないだろうか。

「かたみの歌」が、いつ、誰の手によって作られた歌なのか。これはいまでも謎であり、この謎は今後も引き続き調査していかなければならない。だがそれ以上に興味深い問題は、この歌が現実として、じつに広範囲にわたって人々の知られる歌となったこと、そればかりでなく、長きにわたりそれが歌い継がれてきたことなのである。次に、この歌の広まりと変容についてみていくことにしよう。

ひとり歩きする「かたみの歌」――「かたみの歌」の展開

平田三五郎物語と「かたみの歌」

「かたみの歌」の歌の広まりは、十六世紀後半から十七世紀前半といった百年間にのみ確認されるのではない。まことに不思議なことに、十九世紀になると、まったく同じ歌が大隅《おおすみ》地方（現在の鹿児島県）に、ある物語とともに伝えられていることが確認できる。

天保十四年（一八四三）に完成した『三国名勝図絵』（薩摩《さつま》・大隅・日向《ひゅうが》三国の地誌）巻之三十五には、次のような記載がある（橋口晋作「江戸時代末期の地誌に見る庄内の乱―庄内軍記との関わり等―」『鹿児島県立短期大学地域研究所年報』一六、一九八八年）。

敷根
薬師堂　慶長四年、荘内伊集院忠眞を御征伐の時、兵士此堂に集り、各其志を述て、文句を前後左右の板壁等に題しける。其内、平田三五郎宗次は、姿容秀麗にして、美少年の名高かりしが、年十六にて従軍し、此堂に来りしに、衆人既に題書して、其板壁の低き処は書すべき隙なかりければ、家丁に棒持せられて、其最高の所に自詠の和歌を題しける。其歌に云、

かき置は片見ともなる筆の跡

我は何くの土となるらん

かくて宗次は、荘内の役に戦死しける。其板壁は、衆兵の題書長く残りし故、本府侠少年の徒、遠路を歴て来り見る者多かりしとぞ。就中て平田宗次が題詠を見る老少となく、皆感泣を催しけるとかや。

これによれば、慶長四年（一五九九）、島津氏の家臣であった伊集院忠真《いじゅういんただざね》が反旗を翻した、いわゆる「庄内《しょうない》の乱」のさいに、討伐にあたる兵士が敷根《しきね》村の薬師堂に集まり、思い思いの文字を落書きしていた中で、平田三五郎宗次という美少年が、辞世の句としてこの歌を薬師堂の天井に書き付けたという。その歌が、

かき置は片見ともなる筆の跡　我は何くの土となるらん

という歌だった、というのである。平田三五郎は、庄内の乱で戦死した。後の世までこのときの題書が薬師堂に残っていたため、この題書を一目見ようと、遠路はるばるやってきた者も多かったという。とりわけ平田三五郎が書き付けた歌を見た人たちは、老少となく、感涙にむせんだと

いう。

ここにみえる「薬師堂」とは、現在の鹿児島県霧島市敷根門倉坂入口にある医師《くすし》神社である。平田三五郎のこの物語は、明治時代初期に『賤《しず》のおだまき』という名で硬派学生に愛読されていた、知る人ぞ知る男色の物語である。森鷗外《もりおうがい》の『ヰタ・セクスアリス』にも、平田三五郎の物語が、硬派学生の間で競い合うようにして読まれていた様子が描かれている。

図20　鹿児島県霧島市敷根・医師神社

さて、この歌の話が仮に事実であるとすれば、「かたみ」の歌は、平田三五郎が作った歌ということになる。しかし、それは事実ではありえない。すでにみたように、この歌は元亀二年（一五七一）の段階で、すでに四国八十八ヵ所の三十番札所・土佐（高知県）の善楽寺に落書きされており、平田三五郎が書いたとされる慶長四年（一五九九）の時点でこの歌は存在しているのである。すなわち、平田三五郎とこの歌が結びつけられたのは、もっと後の時期になってからのものであると考えなければならない。

この歌は、その後も平田三五郎との関わりでたびたび登場する。やや長くなるが、薩摩琵琶『形見の桜』（作者は江戸末期の人、中村四郎太、歌人八田知紀が一部を添削したという）を次に引用しよう（橋口晋作「平田三五郎物語の流れ」『鹿児島県立短期大学地域研究所研究年報』一八、一九九〇年）。

薩摩琵琶に登場する「かたみの歌」

○第一段　伊集院忠真謀反之事、吉田大蔵平田三五郎出陣之事

（前略）

是は扨置き、爰に又、いとゞ哀れを止めしは、平田三五郎宗次にて、平田太郎左衛門増宗の息男とかや。今年三五の秋の月、雲間を出る風情より、尚ほ妖艶に麗しく、容色無双の少人たり。吉田大蔵清家と男色の契り浅からず。共に故郷を出しより、片時も側を立去らず。征鞍山路を分る日も、同じく迷う馬蹄の塵、軍旅野外に屯せバ、同じしとねの仮枕、共に詠むる夜半の月、いはんや合戦場までも、同じ道にと心ざす。されバ宗次は、いつに勝れて花やかに、先肌よりハ、伽羅の匂ひの肌寄に、春の野の、柳桜を縫ひ出したる、薄紅梅の直垂に、卯の花威しの鎧着て、わざと甲は召さざりしが、金作の太刀を帯き、鹿毛なる駒に、梨地の鞍を置き、緑の黒髪振分け、平安城長吉が打たる、大身の槍を携へ、今ぞ出陣に成ぬれば、宗次は母上の前に蹲踞き、今生の暇乞を述ければ、母上は、只泪にくれて、暫時言葉もなかりしが、嗚呼、親子の別れ程、何に譬へむ方もなし、あはれ、貴きも賤しきも、子を思

ふ道に迷ふとは、今こそおもひ知られけれ。親の心は斯までも、勇み立たる宗次は、已に馬に打乗り、急ぎしに、跡より母上呼返し、必々、合戦の期にのぞみ、未練な事はし給ふな。骸は戦士に朽るとも、名を末代に残されよと、声も枯野のきり〴〵す、泣わめきて申さるゝに、宗次ハ、かねて覚悟の事なれば、何のいらへもなく、唯茫然として居たりしが、振り分るゝ黒髪の、鎧の袖に、泪と共にはら〳〵と、乱れ掛りし形勢は、さながら、楊柳の雨に洗はれ、春風に打靡く風情なり。斯て、清家に追付き、共に打つれ進みけるに、爰ハ早、敷根の里に成ぬれバ、音に聞えし、門倉《かどくら》薬師に参詣せむと、馬より飛て下り、うや〳〵しくも、南無薬師尊と合掌し、此辻堂に逍遥して、一首の歌をぞつらぬける。

書きおくも形見となれや筆のあと我れはいづくの土となるらむ

と、矢立を出し、清家、宗次を抱き揚て、筆先高き天井の、板の表に記し置き、又は、此度、庄内一乱に依て、清家、宗次打つれ、合戦に趣くと、堂の柱に書付しは、末の世までも止まりて、見る人袖をしぼりける。共に踏み出す武者草鞋、結び合せて行先の、誉れは後にしられたり。

この物語について、橋口晋作氏は、「又、敷根の門倉薬師堂に「書きおくも」の和歌を書き付ける条と平田三五郎を単なる美少年と見た五、六騎の伊集院氏の武者を相手に奮戦する条は『三国名勝図絵』の記事をもとに脚色したのではないかという気がする」（橋口晋作「平田三五郎物語の流れ」）と述べている。平田三五郎と「かたみとなれや筆のあと」の歌との結びつきは、『三国名勝図絵』にはじまり、そこから各物語に派生していったのではないだろうか。

『庄内軍記』にみえる初期の平田三五郎物語

なお、平田三五郎が登場する物語の初期のものと思われる『庄内軍記』（十七世紀末頃成立か）には、対応する箇所が次のような記述になっている（『庄内軍記　全』都城史談会、一九七五年）。

件の二人、首途して財部へ赴く時、辻堂に逍遙して、平田三五郎宗次、吉田大蔵清家共に、庄内一戦の旅に赴くと、堂の柱に書付けるこそ、末の世までも留りて、其身は苔の下に朽ち、野外のちりとなりぬれど、佳名は身後に残りつつ、見る人袖を絞り得ず。

庄内の乱の戦地に赴かんとするとき、平田三五郎が辻堂の柱に書き付けたという記述はあるが、それが「かたみとなれや筆のあと」という歌であったとは明記されていない。

このことから、十七世紀末の時点では、平田三五郎の物語と「かたみ」の歌はまだ結びついていなかったと推定される。おそらく、もともと薬師堂に書かれていたこの歌が、十九世紀前半頃になって平田三五郎の物語と結びつけられていったのではないだろうか。

では、もともとこの歌を薬師堂に書いたのは誰なのか。これまでの事例をふまえると、十六世紀後半から十七世紀前半ごろにこの薬師堂に訪れた参詣者による落書きであった可能性がきわめて高い。すなわち、もともと近世初頭において参詣者が書いたこの落書きが、後代になって、辻堂に辞世の句を記したとする平田三五郎の物語と結びつけられたと考えられるのである。

さらに想像をたくましくすれば、庄内の乱が起こった慶長四年（一五九九）とは、まさに、全国的に仏堂への落書きが盛行する時期にあたることに注意する必要がある。「かたみの歌」もまた、この時期に各地の仏堂の落書きとしてあらわれるのである。まったくの想像だが、おそらく敷根の薬師堂には、庄内の乱が起こった年である「慶長四年」銘の落書きが数多く残っていて、その落書きを見た後世の人々が、庄内の乱を思い起こし、平田三五郎の物語を創りあげていったのではないだろうか。

ここで、平田三五郎の歌が書かれたとされる、敷根の薬師堂について、もう少しみていこう。

敷根の薬師堂

『三国名勝図絵』には、次のような記事がある。

敷根村日州通道門倉坂の北側にあり。俗に門倉薬師《かどくらやくし》と呼ぶ。石階半町曲折して登る。茅堂一宇南に向ふ。……此堂の縁起按するに、漢土明国浙江寧波府定海県の董十八宮（官）建立せり〈其名詳ならず。本藩に帰化せる人なり〉。其年月は伝はらず。堂宇の製、甚荘厳なりしに其後傾倒せしを、董某の子高石孫三郎〈此人姓名を国俗に改しなるべし〉、邑主敷根備中守頼兼と志を同じくして、天正四年丙子十二月二十三日再建せしを誌《しる》す。……（〈 〉は割注）。

これによると、明の浙江寧波府定海県出身の董十八官（董玉峯）が、敷根の門倉坂に荘厳な薬師堂を創建したが、後に倒壊したので、菫の子である髙石孫三郎が、敷根の領主、敷根頼兼と協力して、天正四年（一五七六）に再建されたとある。

『三国名勝図絵』の伝承がどこまで信頼できるものかは分からないが、少なくとも天正年間に再建されたとする部分は、落書きとの関連を考えるうえで、きわめて興味深い。十六世紀後半は、全国各地の仏堂で落書きが書かれるようになる時期にあたる。再建された薬師堂に多くの参詣者が集まり、そこに落書きが書かれたであろうことは、十分に想像できる。

なお、薬師堂のある敷根の門倉坂は、錦江湾に面したところにあり、江戸時代には、目の前を日向（宮崎県）へと抜ける「日州通道」が走っていた（前田義人『薩摩藩の天道　東目筋』）。つまり海路と陸路の結節点に位置していたのである。人々の往来が絶えなかったことだろう。まさにここには情報が集まってきたのであり、「かたみの歌」も、そうした人々の往来の中で伝えられたのであろう。

敷根の薬師堂は、明治維新以後、廃仏毀釈によって「医師《くすし》神社」となり、その当時の建物は現存していない。実際に落書きが書かれていたかどうかについては、残念ながら確かめる術がない。だが、この伝承が残っているおかげで、大隅地方においても、「かたみの歌」を含めたさまざまな落書きが、この薬師堂を訪れた参詣者たちによって書かれていたことが、はからずも証明できたのである。それらの落書きが書かれた時期は、薬師堂が再建されたという伝承のある天正年間以降、庄内の乱が起こった慶長年間以前、すなわち、十六世紀後半以降から十七世紀初頭頃までの間であったと想像される。

戦国末から近世初頭に全国の巡礼者たちによって知られ、こぞって仏堂に落書きされていたこの「かたみの歌」が、十九世紀以降、その意味が忘れ去られ、別の意味を付加されていったことの意義は大きい。このことは逆に、十六世紀後半から十七世紀前半という限定的な時期に、この歌が集中的に全国の仏堂に落書きされていたことを示しており、その後、この歌のコンテクストがしだいに忘れられていったことを示していると思う。

こうした事例は、これまでまったく確認されてこなかった。無名な歌が、巡礼者によって約百年間にわたり全国の仏堂に落書きされることの意味は何なのか、この歌はどのようにして広まっていったのか、なぜこの歌ばかりが書きつけられたのか、など、この事実が投げかけた課題は多い。

ひとつここで確認しておきたいことは、中世末に成立した地方霊場を、「一般に地方性と辺陬性とに阻まれて、狭隘な信仰圏を擁するに過ぎず、地方性を脱却し、広範な巡礼を吸収するのは頗る難事であった」（新城常三『新稿　社寺参詣の社会経済史的研究』塙書房、一九八二年）と評価してしまってよいのか、あらためて考えなければならない、という点である。むしろ筆者には、全国の巡礼者たちによる情報伝達の凄まじさがみてとれるのだが、今後も類例を積み重ねるとともに、歴史学、古典文学、民俗学などによる学際的な研究が望まれるところである。

さらに、この「かたみの歌」と平田三五郎の物語とを結びつけるうえで、見のがせない点がある。それは、この物語が、美少年が登場する男色の物語である、という点である。

「平田三五郎の物語」にみる中世の記憶

すでに述べたように、お堂の落書きには中世の男色の様相を示す落書きが多くみられる。しばしばみえる「若もし様恋しや」の落書きは、美少年に対する思いが込められた表現であることは、すでに指摘されているとおりである。仏堂の壁にみえる、男色の風を示す落書きの多くは、この空間が、それを許容する場であったことを示している。仏堂という空間、そしてそこに書かれた「かたみの歌」が、男色の物語と容易に結びついたのも、中世以来の仏堂空間についての認識が背景にあるとも考えられるのである。

もうひとつ、出陣にさいして堂に歌を書き付ける、というモチーフは、先にみた『太平記』の楠木正行の出陣の物語と、きわめてよく似ている。楠木正行たちも、出陣にあたって、仏堂に書かれた落書きが、有名な軍記物語『太平記』などにみえる出陣の物語を連想させ、それらが結びつけられながら、この物語が形成されたのではないかとも想像したくなる。

こうしてみると、近世に創られたこの平田三五郎の物語は、実は中世という時代の記憶を含み込んでいる物語であるといえるのではないだろうか。

さらに変容する「かたみの歌」

もうしばらくこの歌の変容する姿をみていこう。この歌をモチーフにした物語は平田三五郎の物語だけにはとどまらない。『雪折之松』（出水市立郷土資料館所蔵、明治三年七月二十六日、十六歳の二宮荘八郎が田実某の所持していた『雪折之松』を借りて、「湯治」の間に書写したもの）という物語にも、この歌は登場する（橋口晋作「翻刻と研究『雪折之松』」『鹿児島県立短期大学地域研究所研究年報』二一、一九九三年）。

『雪折之松』のあらすじは、以下の通りである。

横田は松嶋に恋していた。恋文を送るが、何の返事もない。思い余った横田は、友人の白石に自分の恋を打ち明け、仲立ちを頼む。横田の心に感動した白石は松嶋を説得する。横田の恋文には動かされなかった松嶋も白石に説かれて、横田に会うことを約束し、返事を送る。翌日、二人は目出たく逢瀬を遂げた。ところが、この話がどこからか世間に漏れて、主人の源次郎の耳にも入る。そこに、掃部助が訴え出て、松嶋を喜界島、横田を徳之島へと流すことになる。二人は形見の和歌を取り替わしたりして、別れて行く。喜界島で松嶋が堂に七日参籠したお陰か、一年もたたない内に、二人は掃部助の執り成しで帰郷することが出来る。しかし、間もなく「庄内合戦」が起こり、二人共、忠真の許を離れ、志和池城に籠る。鹿児島の二才衆と内村半平が酒宴を開いた時、横田が亭主を務め、遠島の時の切なさを話して、皆を貰い泣きさせた。が、間もなく横田も松嶋も内村も討ち死にしたとのことである。戦いは冷酷なものだ（橋口晋作「翻刻と研究『雪折之松』」）。

二人が和歌を交わす場面を、原文により見てみることにしよう。

死罪を流罪にして、松嶋を喜界島にやり、横田氏徳之嶋に流し給ひければ、心細くも両人は、住馴し都之城をよそに見て、何国ともしらん旅の空、何か古郷に帰らん、福山より船を出し、浦吹風に帆を揚て、七月十八日と申に、太守公の御城下、薩州鹿児嶋に着給ふ。夫より流海の舟端にて、三尊公と横田氏、互いに袖をしほりけり。又幸の縁もあるならは、ふたり対面いたさんと、市助扇子に歌を書て、是を形見に候と、涙ながら片手に綿しける。三尊公いとどたもとをしほり、あゆる涙をはらひのけ、おつくし□にて開き見給ふ。其歌に

書置くもかたみとなれや筆の跡またおふときのしるしなるへし

三尊公左の袖を引ちぎり、

君ならて誰にかこれを送るへしこひしくときのおもひ出にせよ

恋敷時是を見給へと、互の形見を取替し、三尊公は喜界嶋に心さし、横田氏は徳之嶋へとこき出し、ころしも秋の初、四方の風景詠る人も、故郷に心のとまりて、詠る月も打くもり、程なく七月末八日には、両人ともに、流嶋の地着給ふ。

下の句が「またおふときのしるしなるべし」とあり、「我はいづくの土となるらん」とは異なるものの、上の句がまったく同じであり、同種の歌であることは間違いなかろう。この話ではも

はや「仏堂に書かれた歌」という記憶じたいは消滅している。仏堂と歌が切り離され、新しい物語と結びついているのである。ただ、この話も平田三五郎の物語と同様、男色を扱った内容であり、そうした物語の中でこの歌が使われている点は興味深い。

「かたみ」の歌は、他にも都城市の関之尾の滝の伝説にも登場する。「静女の身投げ」という伝説である（「静女の身投げ」中村地平著『日向民話集』日向文庫刊行会、一九五四年）。

図21　宮崎県都城市・関之尾の滝

> 今から約六百五十年ほど前の昔、庄内町（都城市）の関之尾の滝で、島津の殿様が仲秋の夜を選んで、月見の宴を張った。
>
> 月を愛で、虫の音を聞きながら、家臣一同は静かに盃を重ねていたが、そのうち誰か、放屁した者がある。あたりの雰囲気にあまりにも似つかわしくない無作法である。
>
> 「いやしくも殿の御前で無礼であろう。」
>
> 殿様の不興を恐れて、粗忽者の詮議が始まった。そして腰元のなかでも最も美しい静女に嫌疑がか

かった。静女は、身に覚えがない事を言い張ったが、取り調べの係の者は容易に聞き入れてくれぬ。

翌朝、静女は無実の罪を恨んで、滝壺に身を投げた。入水にあたって、静女は、殿にお酌をしたときの盃を、形見に袖に忍ばせていた。月見が行われた九月十四日の夜、その夜になると定紋入りの朱塗りの盃が、今でも滝壺に浮き上がるといわれている。

　書きおくも形見となれや筆の跡又逢う時のしるしなるらん

付近の石に右のような歌が刻みこまれてあるが、この歌は静女の辞世であると伝えられている。

この歌も、さきの『雪折之松』と同様、下の句が「又逢う時のしるしなるらん」となっている。この伝説では、「かたみ」の歌が静女が石に刻みつけた辞世の歌であるとされている。下の句は「またあふときのしるしなるらん」となっており、『雪折之松』と同様である。南九州では広く知られた歌であったことがわかる。南九州で、なぜこの歌がさまざまな説話と結びついたのか。不思議な現象といわざるを得ない。

牧庵鞭牛の歌集「忘想歌千首」

次に、北に目を転じてみよう。岩手県宮古地方の道路開削に尽力したことで有名な牧庵鞭牛《ぼくあんべんぎゅう》（一七一〇〜八二）の歌集「忘想歌《もうそうか》千首」（一七五六年完成）の上巻の末尾に、次のような歌があるという（大内豊『三陸に道を開いた大和

尚　牧庵鞭牛の素顔』盛岡タイムス社、二〇〇二年）。

　読み置くぞかたみとなれや歌ごころ我はいずくの土となるらん

「書きおくも」が「読み置くぞ」に、「筆のあと」が「歌ごころ」に変えられている。この歌と、「かたみの歌」との因果関係は、まったく不明だが、いわば「かたみ」の歌を本歌取りしたような歌である。

　もしそうだとすれば、「かたみの歌」は、岩手県宮古地方においても、よく知られていた歌であったことになる。これもまた、「かたみの歌」の広がりを示す一例である。

　以上みたように、十六世紀後半以降、巡礼にともなって全国各地に広まり、各地の仏堂に落書きされたこの「かたみとなれや筆のあと」の歌は、人々の意識の中に広く、そして深く浸透していた。

　だがその歌が、本来巡礼とともに書かれた歌であったという由来は次第に忘れられてしまう。歌の由来がすっかり忘れ去られてしまったころ、南の大隅地方では平田三五郎物語のような物語の一節となり、あるいは、北の宮古地方では、この歌を本歌取りして新たに歌が作られるなどして、この歌は生き続けるのである。まことに数奇な運命をたどった歌といわざるをえない。

石に刻んだ「筆のあと」――「かたみの歌」の変容

仏堂の落書きとして書かれた「かたみの歌」に関する調査は、思わぬ展開を見せた。

石の祠に刻まれた「筆の跡」

若松寺観音堂の落書きの調査が終了して、三年ほどが経った二〇一〇年（平成二十二）のことである。若松寺観音堂の調査をともにした村山民俗学会の市村幸夫氏から、山形市上宝沢の「王子権現」とよばれている場所にある万年堂（石祠）に、「かたみの歌」にまつわる資料があることを教えていただいた。この場所は、蔵王への旧登山口にあたる。蔵王ダムとの分かれ道を、蔵王ドッコ沼に向かって数百メートル歩くと、「王子権現」とよばれるところがある。そこに、十八世紀に造立されたと思われる万年堂（石祠）が四基あるという。

そこを踏査された市村氏のご教示によると、その石祠のうちの一基に、「形見ト成れや筆の跡」と刻まれているものがあるというのである。

この知らせを受け、市村氏とともに、万年堂がある場所を実際に訪れてみた。

「形見ト成れや筆の跡」と刻まれた万年堂があるのは、上宝沢から蔵王に登る旧登山道の登り

図22　山形市上宝沢・一の木戸の万年堂

図23　山形市上宝沢・一の木戸の宝永七年（1710）銘万年堂

図24　山形市上宝沢の万年堂に刻まれた「形見ト成レヤ筆の跡」

口から一〇〇メートルほど登ったところである。ここは、「王子権現」とよばれているとともに、「一の木戸」とも呼ばれている場所である。この場所は、広いテラス状の地形を呈しており、その入口部分に、「一の木戸」と書かれた江戸時代の石灯籠と、明治期につくられた石の姥神が存在する。そしてその奥に、四基の万年堂が存在する。

万年堂の一基には「宝永七年庚寅　形見ト成レヤ筆の跡」と刻まれていた。また、その隣の万年堂には左面に「安永八己亥年（一七七九）四月八日　当村施主清右衛門（以下一三名連記）、裏面に「山形石工清蔵」とあり、地元上宝沢の人たちによって造立されたことが記されていた。

私が驚いたのは、宝永七年（一七一〇）銘の万年堂に、「かたみの歌」の一節である「形見ト成レヤ筆の跡」という文言が刻まれていたという事実である。

「かたみの歌」の一節が、十八世紀初頭の山形・蔵王のふもとで、観音堂の落書きとしてではなく、石祠に刻まれたものとして確認されたことは、いったい何を意味するのだろうか。

すでに大隅地方の事例でみてきたように、この歌は、巡礼の際の落書き歌として書かれなくなって以降も、長く人びとの記憶に残っていた。山形市上宝沢の石祠に刻まれた「形見ト成レヤ筆の跡」も、「かたみの歌」が人びとの間で長く記憶されていたことを示す好例である。

十八世紀における「かたみの歌」の意味

十九世紀以降になって「かたみの歌」がさまざまな変容をとげていく様子は、すでに述べた通りである。だが、十八世紀においてこの歌がどのようにあつかわれてきたかについては、不明な部分も多い。十八世紀初頭の年紀をもつ山形市上宝沢・王子権現の「かたみの歌」は、どのように理解したらよいだろうか。

「形見ト成レヤ筆ノ跡」とあるにもかかわらず、石に刻んでいる点は、たとえば先に紹介した、宮崎県都城市の関之尾《せきのお》の滝の伝説を思い起こさせる。この伝説によれば、関之尾滝の滝壺に身を投げた静女という女性が、付近の石に、

書きおくも形見となれや筆の跡又逢う時のしるしなるらん

と、辞世の歌が刻みこんだと伝えられている。実際にこの歌が刻まれたとする石の存在は確認できないが、この伝説は、この歌がある時期、石に刻まれていた事実をモチーフに創られた、とは考えられないだろうか。

後述するように、この歌をモチーフにしたと思われる歌が、歌碑として石に刻まれている例もみられる。すなわちこの歌は、本来、仏堂の落書きとして書かれていたものが、のちに、石に刻まれるようなこともあったのではないだろうか。

現在のところ、「かたみの歌」が仏堂に書きつけられていることが確認される最も新しいものは、新潟県阿賀町の平等寺薬師堂にみえる明暦二年（一六五六）の年紀をもつ歌であり、それ以降、仏堂に墨書されている例を確認できない。宝永七年（一七一〇）銘を持つ「かたみの歌」は、それからおよそ半世紀のちのものである。この歌は、このころすでに仏堂巡礼の際の歌としての役割を終え、別の意味を帯びていったのではないだろうか。

では、この歌は、仏堂に落書きされなくなった十七世紀後半以降、どのようにして地域に伝承されていったのだろうか。

信仰の結節点に残る「かたみの歌」

話を「形見となれや筆の跡」の一節が刻まれた、山形市上宝沢の万年堂のあった場所にもどそう。この万年堂のあった場所は、蔵王への登り口にあたる。これまで具体的な発掘調査などが行われたことはないが、このテラス状地形の入口部分にある江戸時代の石灯籠には、「王子権現」という字が刻まれており、さらに、テラス状地形の内部に、人工の石垣とみられる遺構が観察できた。あるいはここに、かつて王子権現堂のような仏堂がある時期存在していた可能性は考えられないだろうか（ただし、地元ではそのような伝承はまったく残っていない）。

もし、ここに何らかの仏堂があったとすると、蔵王を参詣する行者たちがここに立ち寄り、さまざまな落書きを書きつけたことは想像に難くなく、そうした落書きの中に、「かたみの歌」があったとしても不思議ではない。このようにして、この山道を行き交う人々の間でも、「かたみの歌」が共有されたことは十分に考えられる。

ところで「かたみの歌」は、若松寺観音堂以外にも、先に紹介したように、山形市蔵王の松山観音堂に「成沢住人」によって慶長十六年（一六一一）に書きつけられたことが知られており（『旧松應寺観音堂保存修理工事報告書』）、十七世紀初頭の時点で、最上三十三観音の巡礼などを通じて山形の各地の住人に相当広く知られた歌であった。冒頭にあげた安永八年（一七七九）銘の石祠にみえるように、山形市上宝沢・王子権現の万年堂は、地元の上宝沢の住人によって造立された可能性が高いが、彼らが「かたみの歌」について知っていたとしても不思議はないのである。

しかも興味深いのは、蔵王への登り口のひとつである半郷の松尾山観音堂の落書きに、この「かたみの歌」が確認されていることである。このことは、観音巡礼により広まった「かたみの歌」が、松尾院など、蔵王の登り口にあたる「口の宮」とよばれる拠点を結節点として、蔵王を訪れた人々にも広く知られていた可能性をうかがわせる。ちなみに蔵王山の六合目の清水には、文政三年（一八二〇）西国三十三観音の石像が残されており（『蔵王山調査報告書』上山市教育委員会、一九七一年）、蔵王参詣と観音巡礼が古くから密接な関係があったこともうかがわせる。

いずれにしても、万年堂に刻まれた「形見ト成れや筆の跡」のフレーズは、こうして、この登山道、あるいは周辺地域を行き交う人達により共有され、やがてこの地域に住む人々の記憶にも残りつづけたのではないだろうか。

ところで、「かたみの歌」を含む仏堂の落書きは、たんに巡礼に来た記念に壁に書きつけた落書き、という性格のものではなく、一種の納札《のうさつ》のような意味あいをもっていたと考えられる。若松寺観音堂に残る慶長十七年（一六一二）銘の納札に仏堂の落書きと同じ「かたみの歌」が記されていることはそれを裏づける。

上宝沢・王子権現の石祠の場合も、これを奉納する際に、定型化された表現の一つとして「形見ト成レヤ筆ノ跡」を刻んだとは考えられまいか。すなわち、この歌は奉納の際に書きつける一種の定型表現として、十八世紀初頭の人びとの間でも記憶されていたのではないだろうか。

驚くべきことは、この歌が百年以上にわたって、各地の地域住民に記憶され、受け継がれてきたという事実である。いやむしろ、百年以上かけて、地域の人々に浸透していった、というべきかも知れない。だがやがてその意味は忘れ去られ、南九州では「かたみの歌」が別の文脈の中で生きつづけてゆく。山形市上宝沢の万年堂に刻まれた「形見ト成れや筆の跡」は、十六世紀後半から十七世紀なかばにかけて、全国の仏堂に書きつけられた「かたみの歌」と、十九世紀以降、その意味が忘れられ、大きく変容していく「かたみの歌」との間で、この歌がどのように記憶され、受け継がれていったかを示す、貴重な資料といえる。

この地を何度も訪れたことのある市村氏は、私信の中で「(三上と) 若松寺観音堂の落書き調査でご一緒しなければ、気にもとめなかったことです」と述懐された。まさに、発見とは認識の産物である。

白鷹町・深山観音堂の二つの歌碑

さらに、それから半年以上がたったある日のことである。やはり若松寺観音堂の調査でご一緒した村山民俗学会の野口一雄氏から、山形県白鷹《しらたか》町が発行した『白鷹町石造文化調査報告書』(白鷹町教育委員会、二〇一〇年) を見ていたら、深山観音堂の境内に、次のような歌碑があるのを見つけた、と連絡をいただいた。

立置も頼見となれや石婦ミの　あわれ来世の□をふるらん
立置もかたみとなれや歌まくら　あわれむかしを石ならて志る

ここでは、「立置も」が「書き置くも」、「石婦ミの(いしぶみの)」「歌まくら」が「筆の跡」に対応している。下の句は、いわゆる「かたみの歌」のそれとは異なるが、この二つの歌碑は、明らかに「かたみの歌」を意識した歌である。「立て置いたいしぶみ(石碑)が、過去から未来にわたっての形見となるように」という思いが歌われた歌である。

二〇一二年八月、野口氏や、市村氏らとともに白鷹町の深山観音堂におとずれ、境内にあるこ

図25　山形県白鷹町・深山観音堂

図26「立置も頼見となれや石婦ミの…」の歌碑

の歌碑を実見調査した。その結果、報告書に掲載されている釈文を、次のように読み改めることができた（市村幸夫「白鷹町「深山観音堂」界隈を歩く」『村山民俗学会会報』二五一、二〇一二年掲載の釈文を、一部改めた）。

立置も形見となれや石ふミのあわれ幾代の年をふるらん　藤高明
立置もかたみとなれや哥まくらあワれむかしを石ならば知る　忠義

残念ながら紀年銘などは確認できず、この二つの歌碑がいつごろ建てられたものかはわからなかった。また、再調査で新たに判読できた「藤高明」「忠義」なる名前も、いかなる人物なのかはわからない。

しかし興味深いのは、この歌碑が、ほかならぬ深山観音堂の境内に建てられているという事実である。この観音堂は、建立年代が室町時代後期と推定され、国の重要文化財に指定されている。その立地は、大井沢中村大日寺（現・湯殿山神社）へ向かう「道智道《どうちみち》」沿いにあり、多くの出羽三山道者が行き交ったという。

また、深山観音堂の堂内には、十六世紀後半の天文年間から十七世紀前半の慶長年間にかけての落書きが多数残されており、まさに「かたみの歌」が落書きされた時代に、参詣者たちがこの観音堂にも訪れていた事実がうかがえるのである。

現在までのところ、堂内の落書きの中に「かたみの歌」が書かれていたことは確認されていないが、おそらくはこの地元でも、「かたみの歌」は巡礼者たちを通じて、広く知られるようになったのではないだろうか。それがはるか後代になって、この歌の歌句をもじった歌が作られたのである。ちょうど、岩手県宮古地方の僧侶、牧庵鞭牛が、「かたみの歌」をもじった歌「読み置くぞかたみとなれや歌ごころ我はいずくの土となるらん」を作ったように、である。いわばこの「かたみの歌」は、おそらくは十八世紀以降、「ハーフメイドの歌」として、利用されるようになったのである。

しかもここでは、「形見」となるのは「筆の跡」ではなく「石ふみ」である。この歌が、仏堂の落書きとして書かれたことはもはや完全に忘れられ、石に刻まれるべき「かたみの歌」として、新たな意味を持ちはじめたのである。

山形市上宝沢の王子権現といい、白鷹町の深山観音堂といい、「かたみの歌」が残されていく場は、人々が行き交う往還の道沿いである、という点は、きわめて興味深い。人々の往還が、この歌を伝えていったのである。

もうひとつ両者に共通しているのは、歌が石に刻まれているということである。「落書きの歌」から「石に刻まれた歌」へと、ある時期、この歌は変貌を遂げたのである。そこには、巡礼という文脈の中で書き続けられていた歌が、やがてその記憶を失い、新たな意味をもって地域社会で受容され、根付いていった様子をみてとることができるだろう。

「かたみの歌」は、いったいどの程度まで人々に知られていたのか、いつ頃まで多くの人々に知られた歌だったのか、あらためて、この歌の広がりに思いを馳せずにはいられない。今後も、この歌は、各地で発見され続けるかも知れない。いまはすっかり忘れられた歌であるだけに、この歌に対する興味はつきないのである。

落書きにこめられた「祈り」と「巡礼」

落書きと信仰

仏堂に落書きされた「巻数」

若松寺観音堂の落書きにみえる「巻数」

仏堂の落書きは、単に参詣者がそこを訪れた記念に書き記したものという意味だけではなく、参籠《さんろう》した者が、そこにある種の「祈り」をこめて書いたものである。本来は、信仰と密接に関わるものなのである。そこで次に、こうした性格が明瞭にあらわれる事例をみていくことにしよう。

天童市の若松寺観音堂の堂内に、次のような落書きがある。

〔若松寺観音堂〕（内々陣、図27）

（梵字）奉信講仁王経

奉読誦咒□

奉転講読□

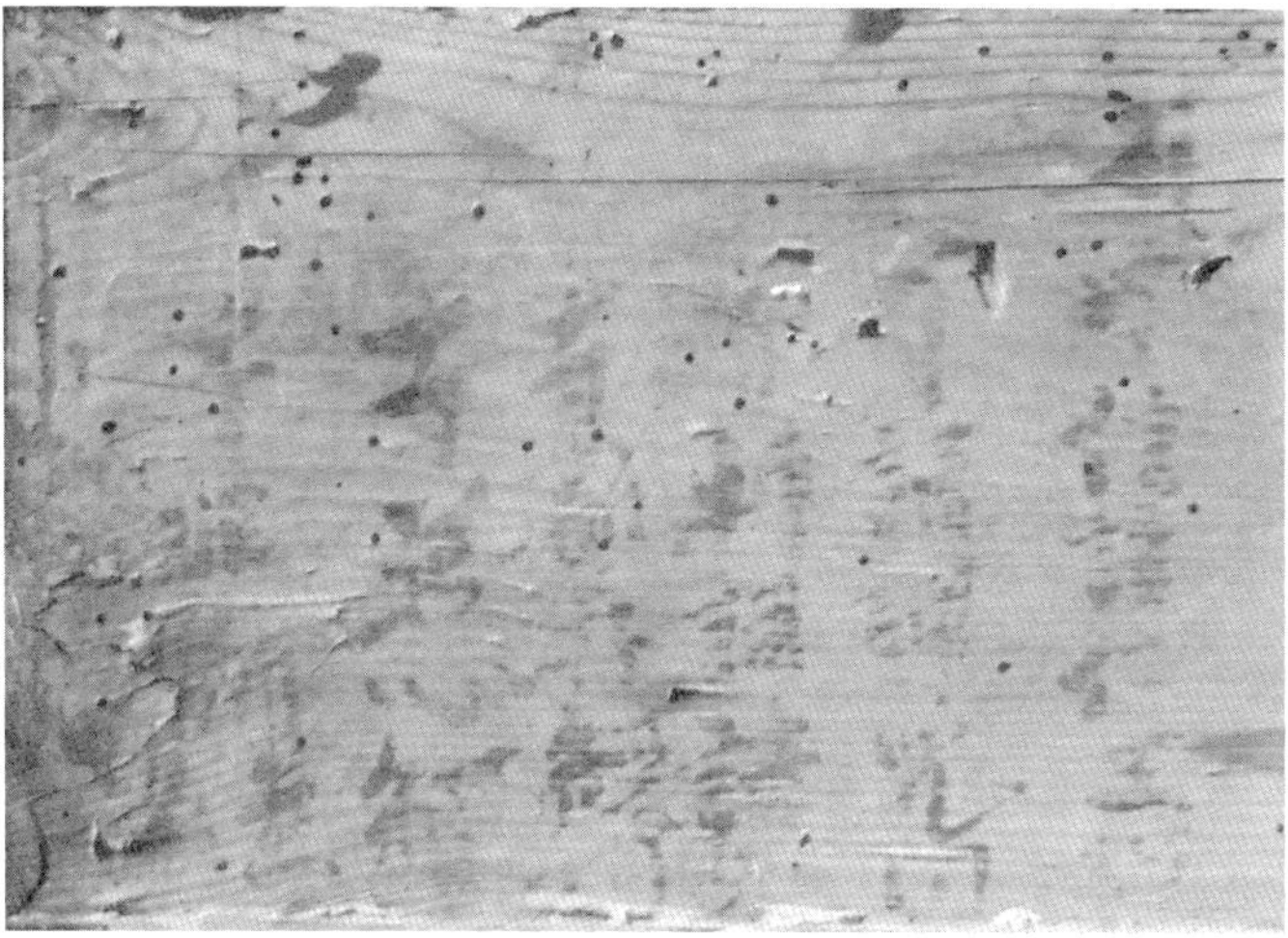

図27　若松寺観音堂の落書き・巻数

奉観音経
奉若心経
奉理趣経

「奉読」+経典名が記されている。これは、「巻数《かんず》」といわれる書式である。「巻数」とは本来、僧が願主の依頼に応じて読誦した経文、陀羅尼《だらに》などの題名や度数を記して願主に送った文書をいうが、現在の民俗事例では、これを木の板に書く場合もあり、「巻数板」ともよばれる。

　そこで以下では、文献史料や出土文字資料、現代の民俗事例に残る「巻数」の習俗などから、仏堂墨書にみえる「巻数」との関わりをみることにしたい。

読誦した仏典を木札に記録する、という行為は、古くは奈良時代から確認されている。

福島県玉川村の江平遺跡は、古代白河郡の北端に位置する集落遺跡である。この遺跡からは、八世紀中頃の竪穴住居群や、八世紀後半から九世紀前半ごろにかけての掘立柱建物群などが見つかった。この遺跡の南西部を流れる沢

経典読経を木札に記録する①―福島県江平遺跡出土木簡―

地から、木簡が一点出土した（図28）。

・「最勝□□佛説大□功徳四天王経　又大□□百巻
・「合千巻百巻謹呰麻呂精誦奉　天平十五年三月□日」
長さ（二四〇ミリ）×幅三六ミリ×厚さ四ミリ　〇一一型式

墨痕が薄く、釈読できない箇所もあるが、書き出しに「最勝」とあるのは、経典名「最勝王《さいしょうおう》経《きょう》」のことを指しているのだろう。さらに、同じオモテ面には、「四天王経」の文字が確認できるが、これは「最勝王経」（十巻本）巻第六に収められている「四天王護国品」のことを指しているものと思われる。

裏面には「精誦奉」とみえ、最勝王経を千巻、また別の経典を百巻「精誦」し終えたことを記し、最後には「天平十五年（七四三）三月□日」の年紀が記されている。

興味深いのは、木簡に記された年紀である。奈良時代の歴史書『続日本紀《しょくにほんぎ》』によれば、天平

十五年正月十四日から、「七七日」すなわち四十九日間、全国各所で「最勝王経」を転読させ、その間、殺生を禁じ、また大養徳国（大和国）の金光明寺《こんこうみょうじ》で全国の模範となる法会《ほうえ》を行うことにした。『続日本紀』三月癸卯（四日）条によれば、この日、金光明寺では読経を終えたことが記されている。

つまり、木簡に記された「天平十五年三月□日」とは、同年正月十四日に全国で始まった「最勝王経」の転読が、結願《けちがん》した日であると考えられるのである。この木簡は、『続日本紀』の記事にみえる、最勝王経の転読が、陸奥国においても実施されていたことを示す貴重な史料である（平川南「転読札」『古代地方木簡の研究』吉川弘文館、二〇〇三年）。

しかもこうした木札の形状や記載様式は、中世以降、さかんに作られるようになる大般若経転

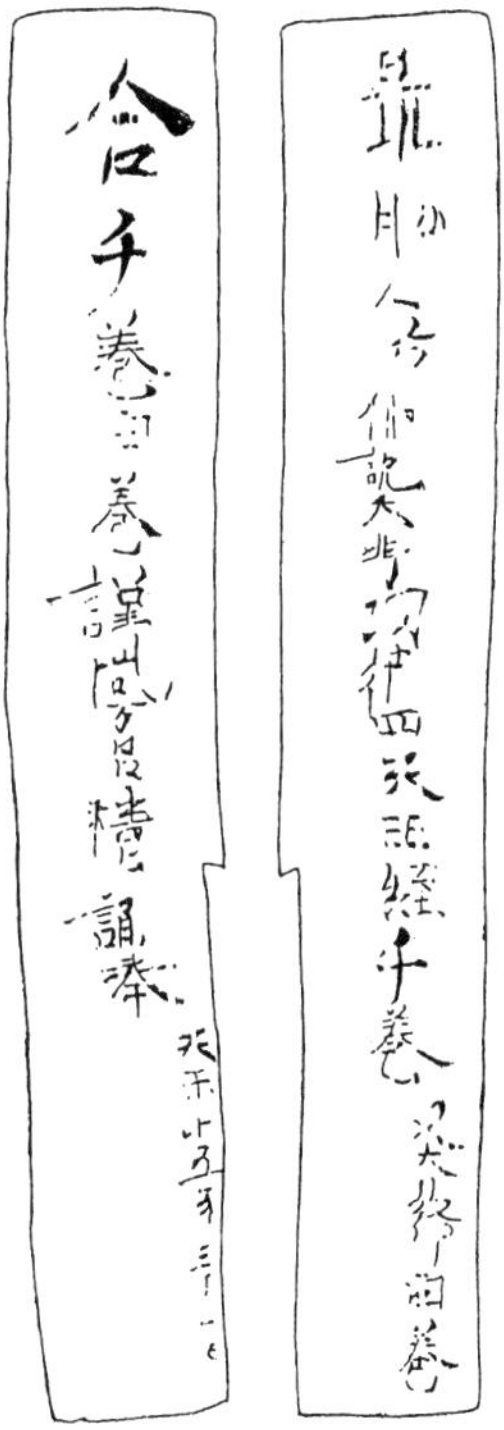

図28　福島県江平遺跡出土木簡
（『木簡研究』22より）

読札とも近い。大般若経は全部で六百巻もある大部な経典で、中世には、国家の安寧などを祈るために、各地でこの経典を転読することがさかんに行われ、転読が終わったさいに作成されたのが、転読札であった。経典の読誦とその記録は、八世紀の奈良時代からすでに各地で広く行われていたのである。

経典読経を木札に記録する②―山形県道伝遺跡出土木簡―

山形県川西町の道伝《どうでん》遺跡は、古代（奈良～平安時代）の出羽国置賜《おきたま》郡の郡家《ぐうけ》に関連する遺跡としてよく知られている。大小二二棟の掘立柱建物跡を含む一〇〇基以上の遺構が確認され、これらの遺構を取り囲むような形で、幅一五《メートル》、深さ一・五～一・八《メートル》の大溝が確認された。遺物の大半はこの溝から出土したもので、墨書土器を含む土器類の他、木製品として鍬《くわ》、田下駄《たげた》、杵《きね》、櫛《くし》、曲げ物、ザル、椀、木皿、盆、弓、鐙《あぶみ》などが出土した。木簡五点、絵馬二点も出土している。年代は、奈良～平安時代のものと推定された。

出土した木簡の中には、寛平八年（八九六）の年紀をもつものが含まれ、これらが九世紀末のものであることがわかる。そしてその中の一点に、次のようなものがあった。

・四天王□□　観世音経一　精進経一百八　十一面陀一百十
　合三百卅□　多心経十六　涅槃経陀六十五　八名普密陀卅

・□

長さ五一二ミリ×幅三四ミリ×厚さ七ミリ　〇一一型式

完形の短冊形の木簡で、木クギが上端から一三チセンと二六チセンの二ヵ所、すなわち全体を四等分した上部二ヵ所に残存している。何かに打ちつけて掲示していたようである。

ここに書かれている経典名は、精進経を除き、正倉院文書中の「優婆塞貢進文書《うばそくこうしん》」に頻出しており、古代においてはよく使われていた経典である。そして、注目すべきは、冒頭の「四天王」の文字である。おそらくこの地の守護を祈願して実施された「四天王法」などの法会の際に読まれた経典を記録し、それを（柱あるいは壁などに）打ちつけたものと考えられる（平川南「山形県道伝遺跡の木簡」川西町教育委員会『道伝遺跡発掘調査報告書』川西町文化財調査報告書第8集、一九八四年）。

この木簡は、平安時代の辺要国における仏教信仰の実態を知ることのできる貴重な資料であるが（三上喜孝「古代の辺要国と四天王法」『山形大学歴史・地理・人類学論集』五、二〇〇四年）、ここでさしあたり確認しておきたいことは、法会で読まれた経典が木札に記録され、それが掲示されていた、という事実である。

経典読経を木札に記録する③—兵庫県木梨・北浦遺跡出土木簡—

また、天禄三年（九七二）銘をもつ兵庫県木梨・北浦遺跡出土木簡は、巻数板木簡のルーツを考える上できわめて示唆的である（『木簡研究』一六、一九九四年）。この遺跡からは、奈良～平安時代の掘立柱建物一三棟などが見つかり、風字硯《ふうじけん》、「井」と記す墨書土器、緑釉陶器《りょくゆうとうき》などの遺物が出土した。官衙《かんが》的な遺跡であると考えられている。
「以天禄三年八月十日奉読経之巻□〔記カ〕　右□上華□□□為奉荘厳上界天衆下界
　合六百二十一巻之中　神□年中□□〔神カ〕天満天神各々眷族□所郡内大下
　　仁王般若経五□〔百カ〕十巻　神□□中□□右□□□□二聖霊□□□□
○
　　金剛般若経六十八巻　印仏　□□
　　　　般若心経五巻
　大品四天王□□巻　　満万事所念於一□身
　　□□三□救諸身　□内南□□□男女身不□□□□□□」

長さ六六八ミリ×幅一六〇ミリ×厚さ九ミリ　〇一一型式

木簡は二段に分かれる。上段は天禄三年（九七二）八月十日に、仁王経五一〇巻、金剛般若経六八巻、般若心経五巻などを読誦した記録で、下段には願文が記されている。これは、寺院の僧侶が依頼を受けて読誦した経典を報告する巻数にあたるものと思われ、後述する中世の「巻数板」ときわめてよく似ている。しかも上部に穿孔が一つ認められることから、この木簡も吊り下げられていたことは明白である。

　このように、古代以来、経典の読経記録を木札に書き付け、それを掲示することが広く行われていたことが、出土木簡から確かめられる。中世以降も同様に、こうした読経記録が木札に書き付けられ、掲示されることがよく行われた。とくに中世では、その年の安寧を祈るために正月に行う修正会《しゅしょうえ》という儀礼と密接にかかわって行われる場合が多かった。次に、中世の諸資料にみえる、経典読経の記録について、見ていくことにする。

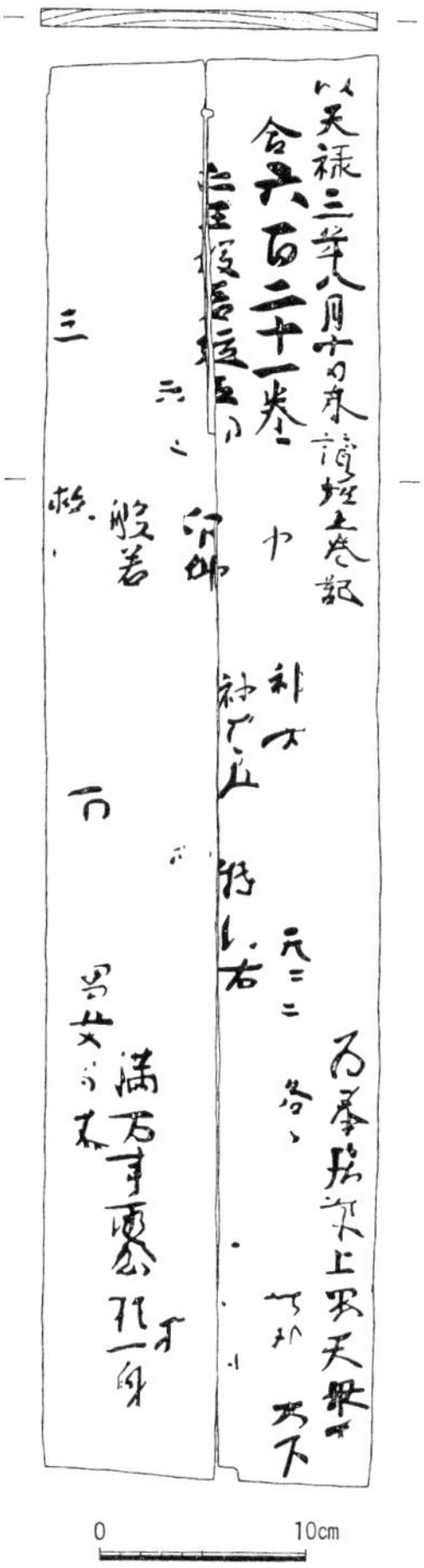

図29　兵庫県木梨・北浦遺跡出土木簡
（『木簡研究』16より）

中近世における色部家のカンジョウ板吊り

越後地域をフィールドに、中世の人びとの心意の世界を描きあげた中野豈任氏の名著『祝儀・吉書・呪符』（吉川弘文館、一九八八年）の中に、中世のカンジョウツリの習俗がとりあげられている。

中世の絵巻には、屋敷の門柱の間に縄を引き張り、そこに文字を書いた木札や木の枝葉をつりさげる情景がしばしばみられる。武士の館や屋敷の入口に呪符をさげることにより、災いが入らないようにするための、境界に関わる呪的儀礼と考えられている。

この習俗は、戦国時代の越後国の国人領主・色部《いろべ》氏の記録「色部氏年中行事」に詳細に記されている。これによると、毎年正月八日、修正会の結願《けちがん》の日に、色部氏の館の門の前に、般若心経を書いた板をつり下げる儀礼が行われる。この板は「巻数板《かんずいた》」とよばれる。「色部氏年中行事」の正月八日の項には、次のようにある（『新潟県史　資料編4　中世二　文書編Ⅱ』、一九八三年）。

同八日ニ巻数板つり申候時、鯖一指、昆布一は、にしん一め、御下の面々ニ相渡申候、御酒ハおすへより出申候、大門へハ一双、小門へハ（御）つるくび壱対出申候。

巻数板つりの儀の具体的な様子については、近世の色部家の諸行事の記録である「正月御祝儀之膳組」「年中家風之行事」、色部家古来の慣習や言い伝えを記した「当家言伝之品々覚書」などにも記されている。このうち、「年中家風之行事」に記された関係箇所を、中野氏の翻刻により引用する。

右、クハンヂョ板ハ古来より何レ之子細有之か、大工頭松浦太兵衛に年内しかけさせ申事也、代々右之通也、（後略）

一　右、大縄ハ下窪田村より相調之事、
一　ツタタラハ上窪田村より相調之事、
但、右之品、昔館ノ蔵主と申タル者相調候事之由、古キ家来共申聞置候、右蔵主と申者何れ之子細之者哉、子孫之者不相知候事、
一　今晩、心経会を門に釣リ、門潜リ候儀を古来よりクワンジョ潜と唱来候、今考候に、灌頂之唱誤ニ可有之候、（下略）
一　右ニ相記をく今晩心経会門潜之節、重代之刀、年男持之、我等脇ニ立、供いたす節、年男唱ひ候祝言有之、其祝言にハ門を出候時者○指カイナニハ悪うを払《はらい》ト唱、門より内江入候時ハ○納《おさむ》ル手ニハ寿福ヲ抱《いだく》ト、口の内にて唱候て、古来より刀を持、門潜之供仕古法ニ候事、
但、右之祝言年男家に相伝ル事ニ候、（「年中家風之行事」）

（巻数板は古来よりどういう経緯か、大工頭の松浦太兵衛に年内之内に下げさせている。代々、次のように行っている。
一、大縄は下窪田村より調達している。ツタタラは上窪田村より調達している。ただし、右の品は、

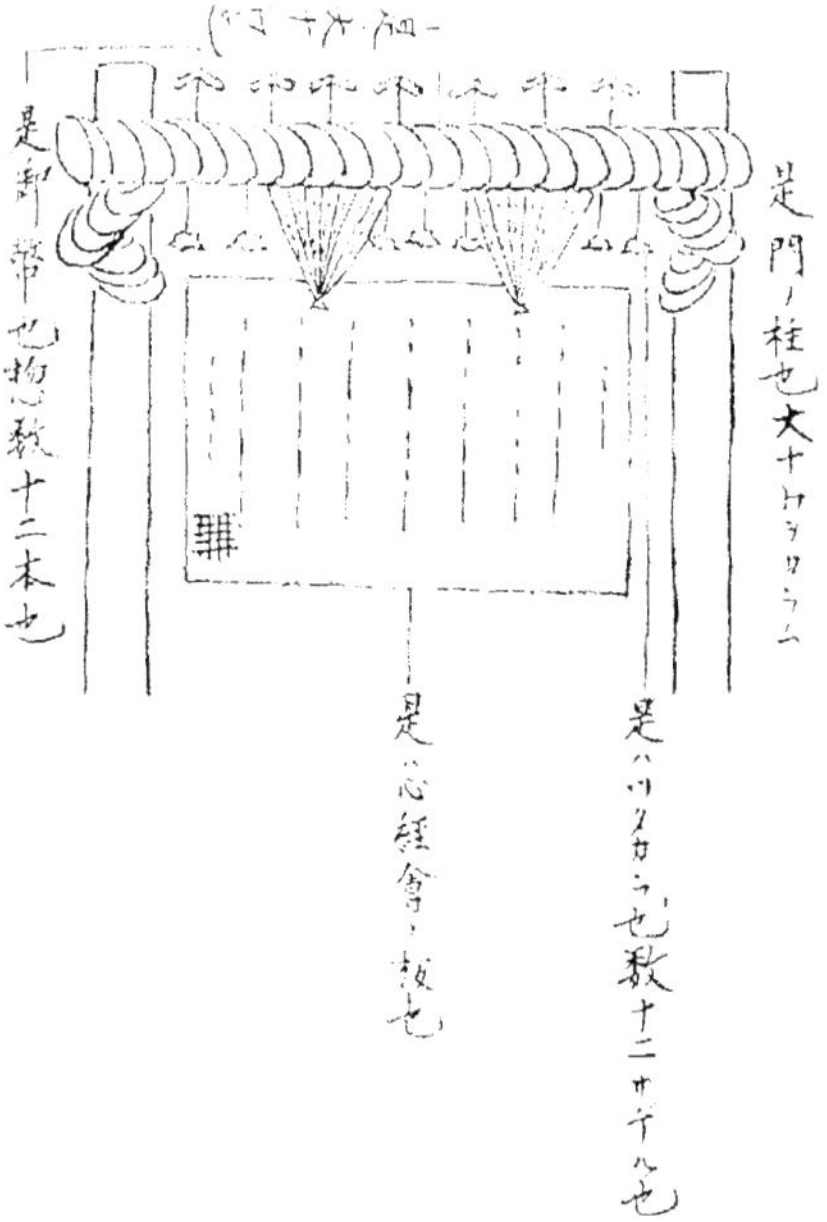

図30　巻数板吊りの図（色部家風之行事」，中野豈任『祝儀・吉書・呪符』より転載）

むかしは館の蔵主という者が調達したと、古き家来たちが申しおいているが、この蔵主と申す者がどのような人物かは、子孫の者も知らない。

一、この日の晩、心経《しんぎよう》会《え》を門に吊り、門潜りをすることを古来より「クワンジョ潜り」と呼んでいる。今考えるに、これを「灌頂」というのはあやまりではないだろうか。

一、この晩の心経会の門潜りの儀式のさいには、重代の刀を年男が持ち、我等は脇に立ち、お供をする。そのとき年男が唱え申す祝言がある。その祝言とは、門を出るときには「指カイナニハ悪うを払」と唱え、門より中に入るときには、「納ル手ニハ寿福ヲ抱」と、口の内で唱え申し上げるのが、古来より刀を持ち、門潜りをお供つかまつる昔からの方法である。

ただし、右の祝言は、年男の家に昔から伝わっているものである）

近世の色部家での諸行事の記録である「年中家風之行事」には、「クワンジョ板（巻数板）」が図示されており、それによれば、門柱の間に大縄をわたし、そこに「心経会の板」（般若心経を記した板）をつり下げるという形をとっていたことがわかる（図30）。

「巻数板」は、「クワンジョ板」、すなわち「カンジョウ板」ともよばれ、「勧請板」「灌頂板」などと表記されることもある。また、般若心経が記されることから「心経会の板」とよばれることもある。カンジョウ板吊りの習俗は、現在でも各地で行われていることを、中野氏は同書で紹介している。

「カンジョウ板」の考古学的発見

一九九七年（平成九）、石川県金沢市堅田《かただ》B遺跡から、建長三年（一二五一）銘と弘長三年（一二六三）銘をもち、般若心経の全文と願文が記された横長で大型の木簡が出土した。建長三年銘の木簡は、縦一六二ミリ、横八二〇ミリ、厚さ七ミリの、弘長三年銘の木簡は、縦一一二ミリ、横七九〇ミリ、厚さ七ミリの、いずれも横長の板である（図31）。

私事ながら、発見当時、私はこの木簡の調査をする機会に恵まれた。古代史を専門とする私にとって、中世の年紀をもつ木簡の釈読、分析は困難をきわめたが、たまたま手にした中野豈任氏の著書『祝儀・吉書・呪符』（吉川弘文館、一九八二年）を見ていて、出土した木簡とほとんど同じ形状のものが紹介されていることに驚いた。それが、前述した「色部年中家風之行事」の「勧

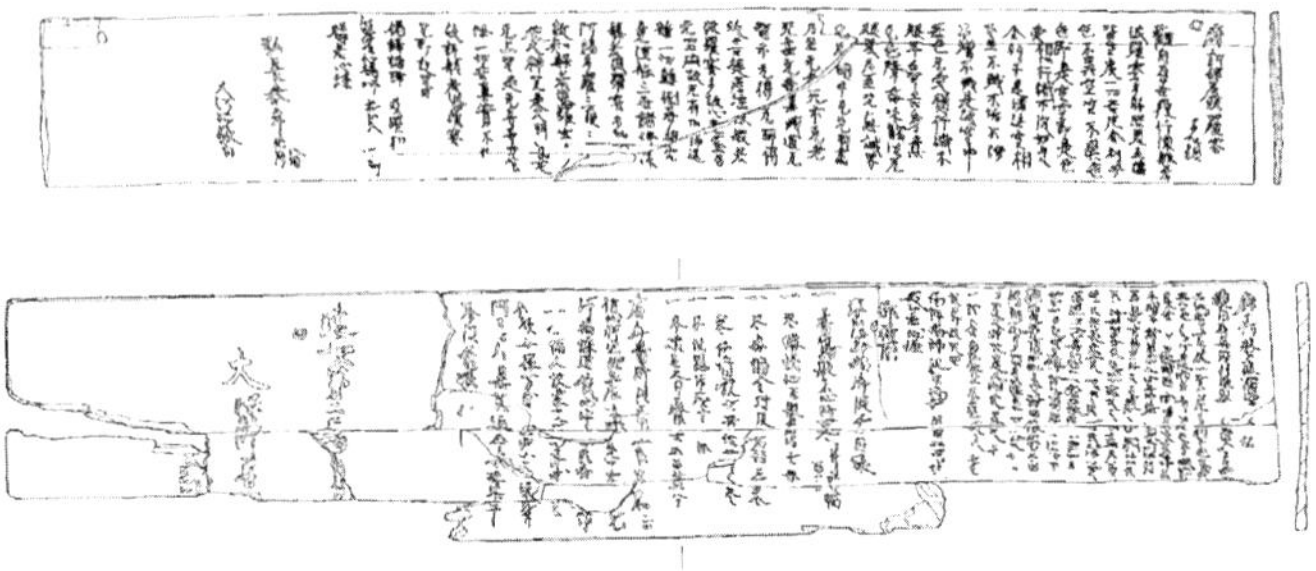

図31　石川県金沢市・堅田Ｂ遺跡出土１・２号木簡
（『石川県金沢市　堅田Ｂ遺跡Ⅱ（本文編・遺物編）』より）

請板」の図である。

木簡を観察してみると、両木簡に共通する特徴として、次の二点がとくに注目される。一点目は、出土当時、墨痕がすでに失われており、字画の部分がわずかに盛り上がって残っていたということである。これは、板の表面の風化が激しかったことを示している。そして二点目は、上部の左右に穿孔が認められるということである。

この二点の特徴から、両木簡は、一定期間、外気の当たる場所でつるされていた可能性が導き出されたのである。

この二点の木簡の形状やこうした特徴は、先に見た、色部家の近世の記録である「年中家風之行事」にみえる「巻子板」の形状や内容と酷似することは、もはやあきらかであろう。何より、般若心経の全文が書かれているという点が決め手である。

つまりこれらは、鎌倉時代に作られた「カンジョウ板」なのである。「カンジョウ板」の「カンジョウ」は、本来「巻数」に由来する言葉と考えられることから、これを巻数板木簡と呼ぶことにする。

しかも堅田B遺跡は鎌倉時代の武士の館跡と推定される遺跡であり、木簡はその屋敷の区画溝から出土している。つまりこの木簡もまた、武士の館の境界儀礼として使用され、それがのちに溝に廃棄されたと考えられるのである。

さらに弘長三年銘をもつ木簡には、年号に続けて「正月八日」という日付も書かれており、この点も「色部年中行事」の「正月八日」の記載と一致する。鎌倉時代から、修正会の結願の日である正月八日に、般若心経の全文を書いた板を門柱につり下げる習俗が行われていたことが明らかになったのである（平川南・三上喜孝・清武雄二・相沢央「堅田B遺跡出土木簡（巻数板）の概要と意義」『石川県金沢市　堅田B遺跡Ⅱ（本文・遺物編）』金沢市（金沢市埋蔵文化財センター）、二〇〇四年、初出は一九九九年。三上喜孝「巻数板木簡と中世社会」『米沢史学』一六、二〇〇〇年）。

カンジョウ板吊りの民俗事例は、福井県の若狭大島、新潟県の佐渡島などで、確認できる。この木簡の調査が一段落した一九九七年九月、平川南氏、相沢央氏、清武雄二氏らとともに、現代に残る「カンジョウ板吊り」の調査におもむいた。

カンジョウ板吊りの民俗①——若狭大島——

最初に訪れたのは、福井県大飯《おおい》郡の大島半島の集落である。「若狭大島」とよばれるこの地は、古くからいくつかの集落が形成されていた。この半島の集落は小浜湾側に帯状に分布しているが、

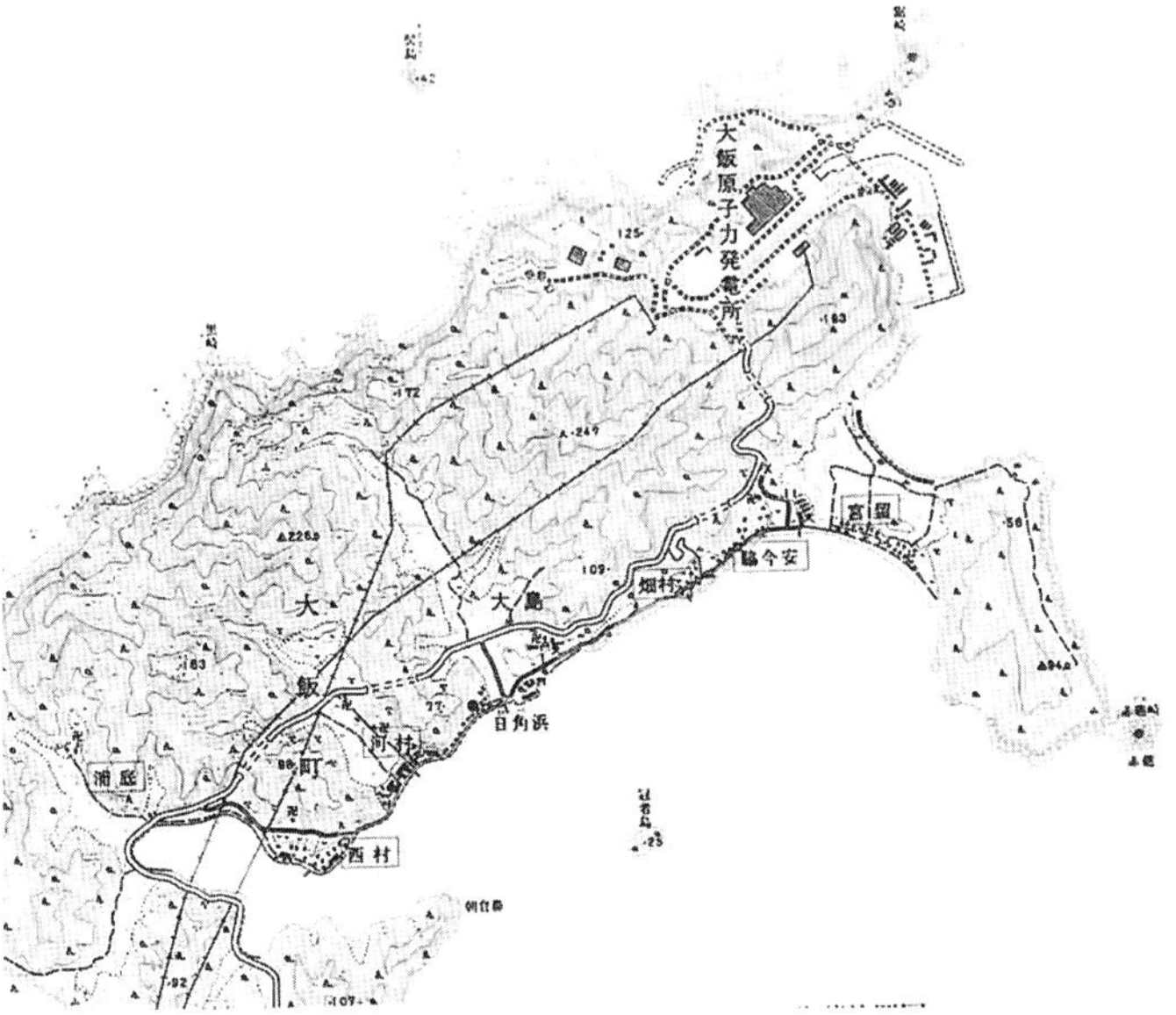

図32　福井県「若狭大島」の集落位置図

陸路による交通が困難であり、他の地域との交渉が少なかったことから、他の地域とは異なる、独特の風習を数多く残してきた。

　その中の一つに、勧請板をかける行事がある。これは、正月の七日ないし十一日にムラの中の特定の主人が集まり、ジャヅナ（蛇綱）とよぶ縄をない、それに寺の住職に願文を書いてもらった「カンジョウイタ（勧請板）」をつけ、村境の道の上につるすというもので、調査当時、浦底《うらそこ》、西村《にしむら》、河村《かわむら》、畑村《はたむら》、脇今安《わきいまやす》、宮留《みやどめ》の各集落で行われていた。

　西村の集落の場合を例にとると、正月八日、人々は集落にある薬師堂に集まり、河村にある真言宗の宝楽寺《ほうらくじ》の住職を呼び、ご祈禱をしてもらう。そして三日後の十一日、当番の者が薬師堂へ勧請板をつるすハナ（縄）を作る。そこへ宝楽寺の住職が勧請板を持ってきて、そこで祈禱をし、薬師堂の前につり下げるのである（福田アジオ「若狭大島の家格制と親方子方制」『日本村落の民俗的構造』弘文堂、一九八二年）。このほか、河村、脇今安、畑村、宮留の

図33　福井県「若狭大島」の勧請板（畑村）

図34　福井県「若狭大島」の勧請板（河村）

各集落の勧請板の作成も兼ねており、このため、各集落の勧請板の形態や文面は、ほぼ同じである（文面については、後述する）。なお、浦底の勧請板は、浦底にある清流寺がこれを担当する。

勧請板は、翌年の正月までの一年間、集落内にかけられたままとなるが、風雨などで縄が切れて勧請板が落ちた場合、そのまま放置され、再びつけ直すということはしないそうである。また、その年に集落内で不幸があると、その時点で勧請板をつるしている縄は断ち切られるという。

なお、若狭大島地域と同様の勧請板は、福井県小浜市法海などにもみられる。

カンジョウ板吊りの民俗②　—佐渡島—

次に訪れたのは、新潟県の佐渡島である。佐渡市の久知河内《くぢかわち》には、かつてシンギョウモン（心経門）とよばれる行事があった。これは、二月四日にムラの人たちが宿に集まって真言を唱え、この時に「心経板」という板をつくり、寺の住職に般若心経などの字を書いてもらい、村境にさげるというもので、もとは正月の修正会のさいに行われていたと考えられる。近世から連綿と行われていた行事だが、現在、心経板をかける行事じたいは行われていない。

心経門の行事の当日、村の老人衆が、村内にある長安寺《ちょうあんじ》に集まり百万遍の念仏を繰る。一方、村の若い衆がカンジョウ吊りの縄を作り、これに長安寺の住職が作成した心経板をつり下げ、この縄を村内を流れる久知川に掛け渡すのである。

木札は毎年作られたが、掛け渡した後、川の中に落ちて流されることが多く、したがって残されることはまれであったという。

調査当時、長安寺には二点の心経板が残っていた。一つは明治二十三年（一八九〇）の年紀を持つもので、もう一つは昭和三十八年（一九六三）の年紀を持つものである。前者は下半が欠けていたが、後者は完形品である（図35）。

このうち、「昭和卅八癸卯」の年紀を持つものは、もとは「文政辛卯」（文政年間に辛卯にあたる年はない。己卯の年にあたる文政二年〈一八一九〉か、あるいは辛巳の年にあたる文政四年〈一八二一〉の誤りである可能性がある）銘のものであった。長安寺の住職によれば、昭和三十八年の心経門のさい、木札を作るのが間に合わなかったため、急遽「文政辛卯」銘の木札を代用したもので、そのとき、「文政辛」の部分を削り、「昭和卅八癸」と書き入れたのだという。実物を観察すると、たしかに「昭和卅八癸」の部分は削られた跡が確認できる。すなわちこの木札は、江戸時代からの伝世品ということになる。なお、年号が書き改められる前の木札については、宮本常一『私の日本地図7　佐渡』（同友館、一九七〇年）に写真がある。

次に心経板の形態と記載内容についてみてみよう。「昭和卅八癸卯」銘の心経板の法量は、縦三七センチ、横八六センチ、厚さ二センチの長方形の杉板であり、上部に三つの穿孔がある。

記載内容についてみると、オモテ面の中央に般若心経の全文が書かれ、その両脇に「馬舎人」「牛童子」の呪文が大きく書かれる。右端には「御祈禱所」「奉修千手大士秘軌」といった巻数の

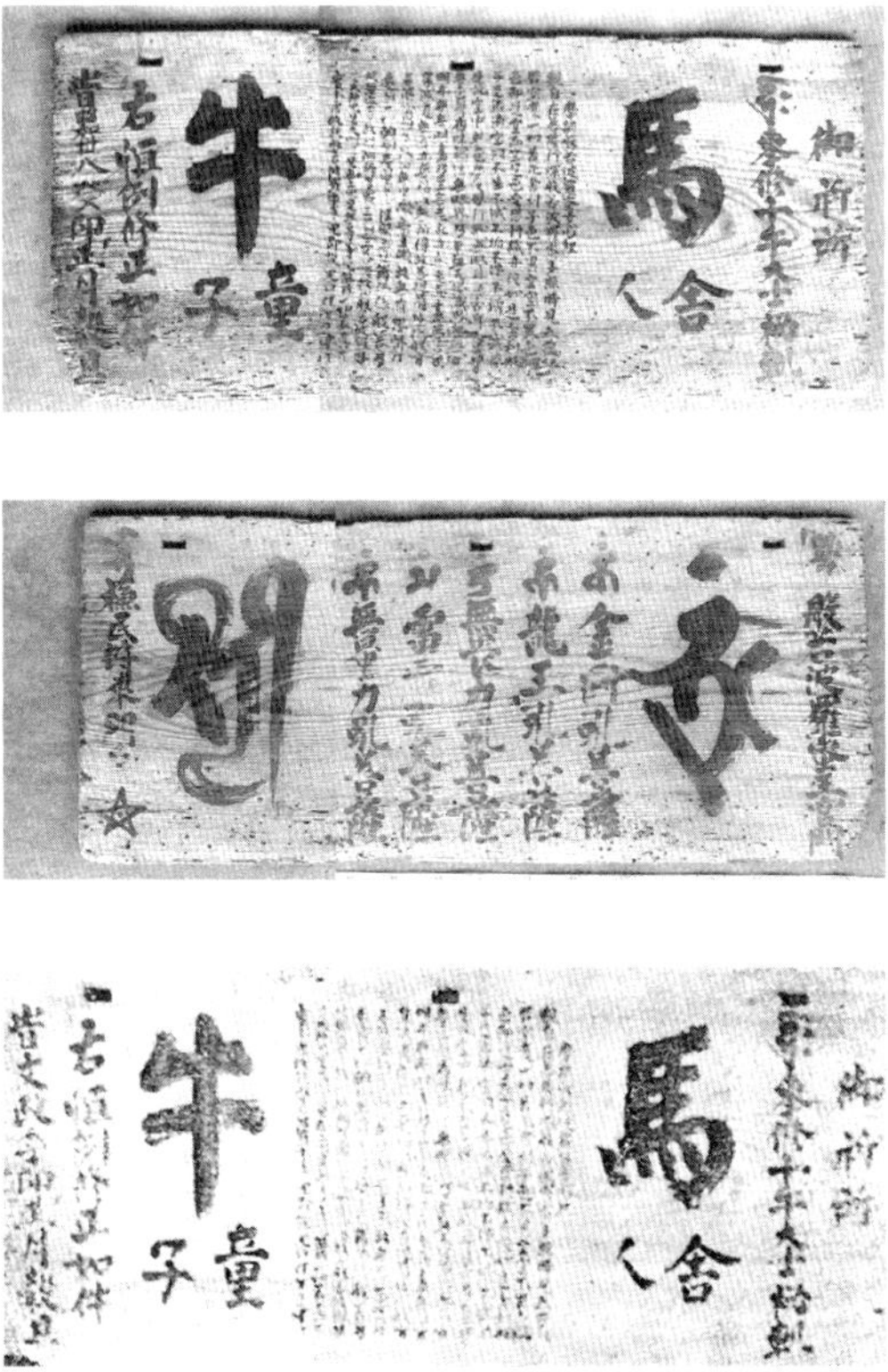

図35　佐渡・長安寺蔵「心経板」
（上から表，裏，「文政辛卯」銘の板．「文政辛卯」銘の写真は宮本常一『私の日本地図７　佐渡』による）

文言と類似する文言が書かれ、左端には年紀が書かれる。なお、左側に「右恒例修正如件」という記載もみられることから、心経門がもとは正月の修正会の中で行われていたことがわかる。裏面には呪札の文言である五大力菩薩の尊名や、「蘇民将来門戸」といった呪符の文言が記される（中野豈任前掲書）。

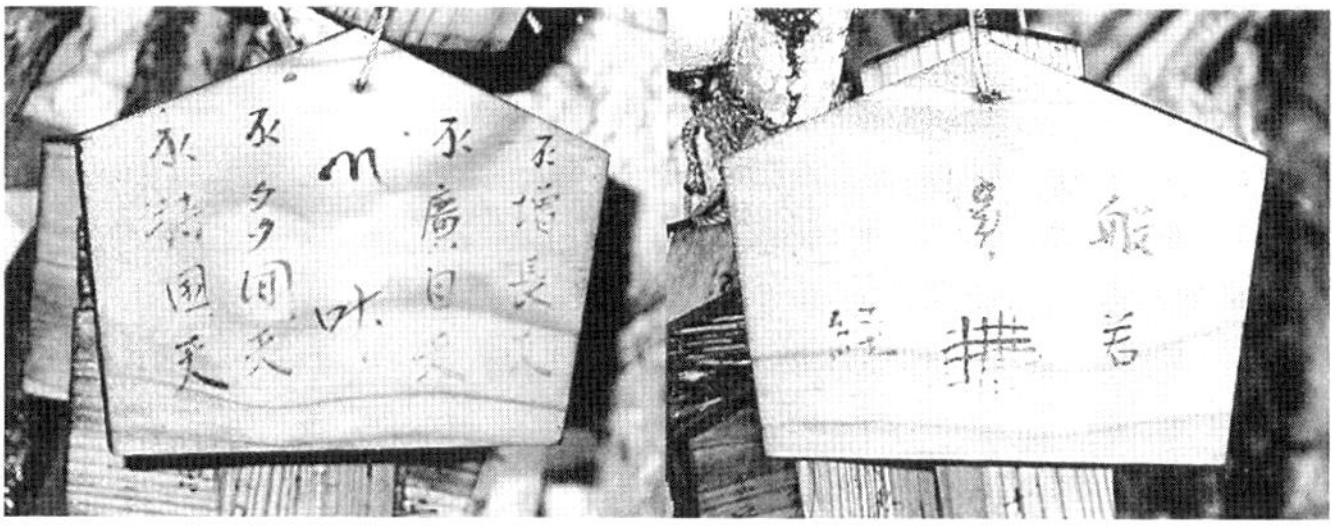

図36　佐渡・赤泊村の木札

佐渡島には、この他にも島内の村々にさまざまな木札が残っていた。赤泊《あかどまり》村で見た絵馬状の木札には、「般若心経」と、経典名のみ記されたものもあり、簡略化されて記載される事例も確認できる（図36）。

調査をしていく過程で、こうした習俗が日本海側、とりわけ北陸地方に多く残っているように思えることから、カンジョウツリの習俗は、北陸地方に特徴的なものだろうか、という漠然とした印象をいだいていた。

ところがその後、中近世におけるカンジョウツリの習俗は、「色部氏年中行事」だけではなく、他の地域の武家儀礼にもみえることに気づいたのである。

文献記録にみえる武家社会の「心経会」

現在の福島県浜通り北部は、江戸時代相馬氏を藩主とする相馬中村藩の領域であった。その相馬中村藩の記録である『相馬藩世紀』の宝永元年（一七〇四）甲申条には、次のような記載がみえる（『原町市史　第一〇巻　特別編Ⅲ　野馬追』、二〇〇四年より）。

一、正月、（中略）

相馬御家、上古より年中之恒例事幷御伝リ之品出初、来歴秘伝雖有之、永世流聞ニ而闕伝多シ、仍之其題目ヲ記、

一、正月三ヶ日、精進潔斎之事、

一、元三、白餅禁事、

一、三日、御駒来由事、〈付、七度半迎使之事〉

一、年序螺初之事、

一、同、野初之事、

一、御謡初之事、〈将軍家ニハ正月三日御謡初、濫觴御秘伝之由、公儀年中行事記之、

一、七種之事、〈公の御秘伝之由也〉

一、八日、心経会灌頂札御門江掛事、

一、十日、鹿狩恒例之事、

一、十一日、御鏡餅御頂戴之事、

一、十四日、夜笠鳥之事、

（後略）

注目されるのは、正月八日の項である。これによると、相馬家では正月八日に「心経《しんぎよう》会《え》灌頂札御門江掛事（心経会の灌頂札を御門に掛けること）」が行われるとある。「灌頂札」とはカンジョウフダのことであろう。「心経会」とあるから、般若心経を読誦し、それに関わる札を「御門」へ掛けるという一連の行事が、この日に行われていたのである。これはまさに、越後・色部家の中近世の諸記録にみえる「心経会」ならびに巻数板つりの行事と一致している。ただし、「板」ではなく「札」とみえる点は注意を要する。般若心経全文を書き写した大板かどうかは不明であり、さきに紹介した佐渡島の赤泊村の事例のような、簡略な札のようなものであった可能性もある。

ところで、正月の「心経会」については、ほかに管見のかぎりでは、『伊達治家記録』のうちの「貞山公治家記録」（伊達政宗の事績を編纂した歴史書）の中にも散見する。

「八日　シンキヤウエ（心経会）入申候モノ共、別而日記ニ申候て、進之申候」（天正十二年〈一五八四〉正月八日条）

「八日戊戌。心経会アリ。千手院〈住持字諱不知〉執行ス」（天正十五年〈一五八七〉正月八日条）

「八日壬辰。大ニ雪降。御佳例心経会、千手院〈字諱不知〉執行ハル。畢《おわっ》テ御酒宴アリ」（天正十六年〈一五八八〉正月八日条）

伊達家で行われる正月八日の「心経会」も、色部家や相馬家で同日に行われる「心経会」と同様のものとみてよいだろう。ただし、この日に「カンジョウ板」を門に掛ける行事があったかどうかは確認できない。

なお、新潟県の弥彦《やひこ》神社の中世史料である「弥彦神社縁起断簡写」（『新潟県史　資料編5』二七八五号）の中にも、正月八日に心経会が行われていた事実が確認できると、中野氏は指摘している（「越後国弥彦神社の中世神事」『忘れられた霊場』所収）。

いずれにしても、正月八日の心経会は、越後の色部家のみならず、相馬家や伊達家などの他地域の武家の館、さらには各地の寺社において、相当広範囲に行われていたことが確認され、その際に、屋敷の門柱に般若心経を書写した板をつるす習俗も、広く行われていた可能性が指摘できるのである。

中世心性史の試みとして中野氏が取り上げた「カンジョウ板吊り」の風習は、中世の在地社会に根強く、しかも幅広く存在した、仏教経典の読誦に関わる儀礼を見事に描き出したのである。この読誦儀礼は、武家社会のみならず、中世に生きるさまざまな人々にも影響を与え、それが、仏堂の落書きとしても書かれていったのではないだろうか。とすれば、仏堂の落書きそのものもまた、当時の人々の「心性」を知りうる、貴重な資料群といえるのである。

さて、話を仏堂に書かれた「巻数」との関わりに戻そう。

中野氏が著書の中で紹介している、滋賀県甲賀郡水口町松尾の記録「願隆寺年中行事日記」〈文化十四年〈一八一七〉の奥書あり、東近江市大森長福寺所蔵〉の記事は、若松寺観音堂の「巻数」の意義を考える上で、興味深い。

この記録によれば、正月九日に氏神においてカンジョウツリが行われることになっているという。この時、かつては仁王経《にんのうきょう》を読誦していたが、その後これをやめて観音経と般若心経を読誦していると記している。

〈正月〉九日、氏神にて勧請之事、古来仁王経を読誦す。何の時代より歟、観音経・心経念誦に成る。則能々祈念相済、当家《とうや》へ行、朝飯あり。初穂に玄米三升来る。認物左之通り。

不動真言百遍

薬師真言百遍

奉念誦大日真言百遍

延命真言百遍

毘沙門真言百遍

注目されるのは、この記録に出てくる「仁王経」「観音経」「般若心経」が、いずれも、若松寺観音堂の「巻数」墨書に登場する経典名と一致しているということである。これらの経典は、正

仏堂墨書と「巻数」

月の修正会《しゅしょうえ》の際に読誦される経典として、一般的なものであったことを示している。

これらを勘案すると、若松寺観音堂の「巻数」に登場する経典名の記録は、中近世に各地で行われた「修正会」あるいは「カンジョウ板吊り」の行事において頻繁に登場するものであり、仏堂における経典の読誦《どくじゅ》や真言の念誦《ねんじゅ》が、こうした法会と関わっている可能性が推測できる。

こうした「心経会」「修正会」「カンジョウ板吊り」と仏堂の「巻数」墨書との関わりを考える上で、現代の民俗事例が参考になる。

福井・若狭大島の勧請板の記載内容

先にも紹介した福井県大飯郡大飯町（若狭大島）では、現在も各集落で勧請板をかける行事が行われている。これは、正月七日ないし十一日、ムラの中の特定の家の主人が集まり、「ジャズナ（蛇綱）」呼ぶ縄をない、それに寺の住職に願文を書いてもらった勧請板をつけ、村境にあたる集落の外れに道上につるすというものである（調査日は一九九七年九月五日）。

（表）

種々善根目録之事
奉読誦薬師陀羅尼咒
奉心読首楞厳神咒
奉真読般若理趣分経
右之意趣者為降臨影

（裏）

七難即滅
藤原右近太夫
右近太夫
右近太夫
右近太夫

向天神衆地類当年行　右近太夫
役流行神等殊者当　右近太夫
所神祇息災自余法　右近太夫
善根信心所且村内安　左近太夫
寧家内安全五穀豊　左近太夫
登災消不起所祈　左近太夫
如件　左近太夫
敬白　左近太夫
平成九年　左近太夫
正月吉祥日　藤原左近太夫
諸日施主等
七福即生

オモテ面の前半には奉読した経典名を記し、後半には「村内安寧」「家内安全」などと記した願文を付している。注目されるのは前半部分である。「奉読誦薬師陀羅尼咒」「奉心読首楞厳神咒」「奉真読般若理趣分経」というように奉読した経典名を列記するのは、勧請板の特徴である。さきにあげた観音堂の墨書は、まさにこの勧請（巻数）板の前半部分の記載様式と同じである。

なお、ここにみえる前半部分の経典名は、集落によって微妙に異なっている。上記の釈文は、若狭大島の西村集落のものであるが、ほかに私が確認できたものとして、畑村集落の勧請板には、次のようにある（なお、福田アジオ「民俗の母体としてのムラ」『日本民俗文化大系　第八巻　村と村人―共同体の生活と儀礼―』小学館、一九八四年も参照）。

種々善根目録之事
奉勤行修正会
奉修読如意趣経
奉心読般若心経
奉転読大般若経
右之意趣者為降臨
影向天衆地類当
年行疫流行神
等殊者当所神祇
息災自余法善根
信心所且村内
安全如意円満祈

攸

平成九年正月吉日

護持法主隆演敬白

ここでは、修正会を勤行《ごんぎょう》したこと、如意趣経を修読、般若心経を心読、大般若経を転読したことが記されている。ここにもやはり、修正会と般若心経との結びつきがみられる。

また、大般若経の転読が行われている点も注目されるが、西村集落の勧請板では、「奉真読般若理趣分」とみえる。この点について、現在に至る各地の大般若経会の中には、「般若教理趣分」（大般若波羅蜜多経巻第五八）のみを真読し、その間に大般若経を転読するという事例がみられることから（『河辺八幡神社資料調査報告書　第二集　大般若経に学ぶ』河辺八幡神社資料調査会、一九九八年）、「奉真読般若理趣分」は、大般若経の転読と同義であると思われる。大般若経の中でも、「般若経理趣分」は、とりわけ真読する機会の多い経典だったようである。なお、若松寺観音堂の「巻数」墨書にみえる「理趣経」も、あるいはこの「般若経理趣分」のことを指している可能性がある。

天養寺観音堂の経典読誦記録

仏堂に経典を読誦したことを書き上げている事例は、若松寺観音堂だけではない。他の仏堂にもみえる。

山形県南部の置賜《おきたま》地方、飯豊《いいで》町に所在する天養寺観音堂は、置賜三十三観音

の四番札所とされ、観音堂は室町後期の建築といわれている（図37）。『山形県史　古代中世史料2』では、

□寺読誦役□

と読まれているが、写真から読み直すと、

奉読誦般若□

と釈文を改めることができそうである。

そこで私は二〇一一年、村山民俗学会の野口一雄氏、市村幸夫氏、加藤和徳氏とともに、飯豊町の天養寺観音堂を実際に訪れ、堂内に残されていた落書きを調査した。問題の落書きは、二枚の板に書かれており、もともと観音堂の板壁として使用されたと思われるが、おそらく改修工事にともなって外され、現在では、本尊が安置されている厨子《ずし》の下に、大切に保管されていた。それらを実見したところ、次のように書かれていたことが判明した（図38・39）。

図37　山形県飯豊町・天養寺観音堂

（一枚目）

慶長廿年

□村小田竹松丸
（梵字）読誦
　　　　　　経
（梵字）奉読誦般若心
百、百、百、百、百、百、
次ニ大呪千反

（二枚目）
百、百、百、百、百、百、百、
次ニ小咒一満反
千、千、千、千、千、千、千、□
幷ニ一字千反
□百、百、百、百、百、百、□
于時天分十八□
二月吉日敬白稔

図38　山形県飯豊町・天養寺観音堂の落書き①

図39　山形県飯豊町・天養寺観音堂の落書き②

『山形県史』の写真からは、「（梵字）奉読誦般若」しか確認できなかったが、実見したところ、じつに多くの記載がなされていたのである。特筆すべきは、ここに年号が書かれていることである。これにより、落書きが書かれた時期が特定できる。

まず冒頭に慶長二十年（元和元年〈一六一五〉）の年紀が確認できるが、奥にも「天分十八年」

（天文十八年〈一五四九〉）の年紀が確認できる。「奉読誦般若心経」の前が一行分空いていることから、「奉読誦般若心経」以降が天文十八年の一連の墨書であり、それよりも前の部分が、慶長二十年の墨書であると考えられる。いずれにしても、十六世紀後半から十七世紀後半という、各地の観音堂に落書きが書かれるのと同じ時期のものにあたる。

次に記載内容に注目すると、「奉読誦般若心経」と書かれた後に、「百」の文字が繰り返し書かれ、しかもその一つ一つに合点《がってん》が付されていることである。これはいったい何を意味するのだろうか。

「千巻心経」

これは、般若心経を百回読誦するごとに「百」の右上に合点を付し、それを繰り返し行ったことを記録したものと思われる。それに続いて、「大呪千反」「小咒満反」「一字千反」を唱えたことを、同様の方法で記録している。

般若心経を千回読誦することを「千巻心経」という。これは、「千巻心経」を行った際の記録と考えることができそうである。では千巻心経とは、具体的にどのようなときに行われるものなのだろうか。

江戸時代に千巻心経が実際にどのように行われたのか。このことが実際にわかる記録を見つけるのはなかなか難しいが、同じ山形県の舟形町の堀内石井家文書に残る「万留帳」（『舟形町史資料集』七、舟形町教育委員会、一九七七年）に、千巻心経についての記述がみられる。

舟形町の石井家については、大友義助氏が、

石井家の初めについては明らかでないが、代々修験であったらしく「新庄領村鑑」にも羽黒派修験両徳院の名で記されている。同書によれば、藩政後期の堀内村には、両徳院の外に葉山派宝性院・同三蔵院・羽黒派林蔵坊などの修験があった。本「万留帳」に、これら諸院のことがしばしばみられるのは、同じ修験としての関連からであろう。（大友義助「石井家文書『万留帳』について」『舟形町史資料集』七）

と解説しており、修験と関わりの深い家であったらしい。

さて、その「万留帳」には、嘉永七年（一八五四）の記事として、つぎのようなものがある。

同年（嘉永七年）四月廿三日、御領内一向不残山伏権復共天気快晴之為、処々判元ニ而祈禱いたし、此節舟形郷ハ普元院文殊院不動院宝性院両徳院林蔵院阿呼院三蔵院大賢院〆九人外ニ般若院いみニ而不参り、此節ハ札守御札ハ柴燈護摩供札、天気快晴五穀成就　此下ニ而山号　御守護院号　此節尾初（ママ）金弐朱被成下候間、壱朱は食物代也、外ニ又百六十文十月中頃はたことして被成下候
右ニ而したため、水引ニ而ゆへ、ふれ頭覚性院江納、御上被上仕、此節御初尾金壱朱、飯物代壱朱、合金弐朱ツツ被成下、誠ニ有難奉存候、且又此度舟形普元院宅ニ而したぐいたし、地蔵堂参り、千巻心経しやぐ上経也、法火ハ四方七尺ニ而木つミ、高さハ七尺也、そして四

間五間江なハはり、右ハしめなわ也、本導師阿呼院ニて今導師ハ文殊院ニ也、向阿呼院左座ハ文殊院普元院大賢院林蔵院、右ハ不動院両徳院宝性院三蔵院一人ニ而つぐへ壱ツ也、此節ハ摩護道具ハ文殊院阿呼院也、迎之節ハ火界ニ而七度也、又そなへ物ハ菓子五穀神酒五升也、此節村々○庄屋組頭長百姓不残参り、此時行進御覚也、先ハほら二人、ゆへ松明二人、釈水壱人、はたハ二人、右之はたニ而書様ハ天気快晴五穀成就就鳴物壱人、法導師、右後日覚為也

天気快晴の祈禱が行われたさいの記事であるが、このとき、舟形郷の修験九人が地蔵堂に参集して、千巻心経を読み、四方七尺に木を積み、四間五間のしめ縄を張り、菓子・五穀・神酒五升を供えて護摩《ごま》を焚いた、とある。村々の庄屋・組頭・長百姓らが残らず参詣し、かなりにぎやかに行われたことが知られる。

また、安政三年（一八五六）の記事として、次のようなものがある。

同年（安政三年）八月廿五日、毒沢村文助ニ而廿八才の悴、当病平癒ため、千巻心経也、此節大聖院始名木沢法印親子、宝性院私し林蔵院不動院普賢院〆八人祈禱也、此時弐百文御初尾也。

これによれば、「毒沢村文助ニ而廿八才の悴」の当病平癒《へいゆ》を祈願して「千巻心経」を行ったことが知られる。このとき、八人が祈禱に関わり「初尾」として二百文が支払われたと書かれてい

る。

　このように、天気快晴や病気平癒などの祈願の際に「千巻心経」が行われたのであり、天養寺観音堂の落書きも、何かを祈願するために観音堂に参籠して「千巻心経」が行われたさいに記録されたものであろう。

　とりわけ興味深いのは、「千巻心経」のやり方が、この落書きによってかなり具体的にわかるということである。「千巻心経」を行うために観音堂に参籠した者は、まず仏堂の板壁に「奉読誦般若心経」、そしてその次の行に「百」という文字を十回繰り返して書き、実際に百回の般若心経の読誦が終わるたびに、「百」の字の横に合点を付していったのではないだろうか。

　さてこの落書きには、「千巻心経」を思わせる記述のほかに、「大呪千反」「小咒満反」「一字千反」といった、真言をくり返し唱えたことを示す記述もみられる。これは、先に紹介した「願隆寺年中行事日記」にみえる「奉念誦　不動真言百遍　薬師真言百遍　大日真言百遍　延命真言百遍　毘沙門真言百遍」とも共通する記載内容であり、般若心経の読誦にあわせて真言をくり返し念誦していたことを示すものである。

古刹・慈恩寺の誦経記録と絵馬奉納

　出羽の古刹、山形県寒河江市の慈恩寺《じおんじ》本堂の落書きの中にも、経典の読誦などを記録した落書きが、随所に見られる。これらもまた、本堂に参籠した人々によって書かれたものであろう。

・（種子）　般若心経卅三（西堂蔵南壁）
・御守護幷ニ真言祈所　奉修観世御経三返書定也（西堂蔵南壁）
・奉勤修弥勒法廿一箇度修是也
・奉修行羽黒山三所摩訶権現加護殿　慈恩寺之内かた見〳〵
・奉修奉納大般若経一三百三拾三巻敬白
・奉修行御湯殿山秘密供廿一度修也（以上、西堂蔵南壁南西隅丸柱）
・寛永拾五年　□奉修念観音経真言三巻（西堂蔵北壁）
十方空本末滅母也　玄世也
・奉読誦仁王般若経　寛永八年かのと之　五月吉日　書之　形見〳〵
亦生座山也　法主敬白
（東堂蔵中央丸柱）

慈恩寺本堂の落書きにおいてもやはり「般若心経」「観音経」「仁王経」「大般若経」といった経典が登場する。

ところで慈恩寺本堂の落書きには、板壁に直接馬の絵を書き付けて、絵馬として奉納した例もみられる。

・寛永八年　佐藤長右衛門より　馬形壱疋　奉納（五字の種子）（馬の絵）」（西堂蔵北壁）

奉納文言とともに、板壁には稚拙な馬の絵が描かれており、なんとも微笑ましい。

仏堂には、さまざまな人々が参籠し、そこでは思い思いの祈願がなされていたのである。その様子を生々しく示しているのが、落書きなのである。

落書きは海を渡る

仏堂への落書きが、そもそも聖地へ巡礼した人々によって書かれるものであることは、これまでの検討で明らかである。こうした「聖地への巡礼」は、日本列島の中だけにはとどまらない。海外の聖地へ巡礼した人々も、そこに同じような落書きをとどめていたのである。以下では、海を越えた落書きの事例をみていくことにしよう。

円仁が見た遣唐使の墨書

時代が大幅に遡るが、平安時代の九世紀前半、ひとりの僧侶が、天台教学を学ぶために、遣唐使とともに唐にわたった。円仁《えんにん》である。円仁は、日本に中国仏教を伝えた最澄や空海などとならぶ、「入唐八家《につとうはつけ》」の一人として知られている

延暦十三年（七九四）に下野国都賀《つが》郡で生まれた円仁は、十五歳（八〇八年頃）の時に比叡山

に登って天台宗の開祖・最澄に師事した。

その後、弘仁八年（八一七）には上野・下野を巡錫《じゅんしゃく》し、さらに天長六年（八二九）には、東北地方への巡錫に出かける。こうして、東北地方に天台宗が広まることになり、各地に円仁による寺院開基や寺院再興の伝説が生まれるようになるのである。

承和元年（八三四）、およそ三十年ぶりに遣唐使が任命された。「最後の遣唐使」などとも呼ばれる、承和の遣唐使である。

このとき、持節大使《じせつたいし》として藤原常嗣《つねつぐ》、副使として小野篁《おののたかむら》が任命された（『続日本後紀』承和元年正月庚午条）。当時比叡山の横川《よかわ》に籠もって修行していた円仁は、空海の弟子の円行《えんぎょう》と常暁《じょうぎょう》、最澄の弟子の円載《えんさい》らと一緒に随行が許されたのであった。

彼はこのときの様子を、『入唐求法巡礼行記《にっとうぐほうじゅんれいこうき》』という膨大な日記に書き残している。この中の、開成五年（承和七年〈八四〇〉）三月七日条に、興味深い記事がみえる（以下、現代語訳。原文は漢文。『入唐求法巡礼行記』平凡社東洋文庫）。

三月七日、…この開元寺の仏殿西廊下の外側にある僧伽和尚の堂内北壁に西方浄土（阿弥陀の極楽浄土）と補陀落浄土（観音菩薩を中心とした浄土）の図が描かれている。これは日本国の使節の願によって描かれたもの、壁上に書き付けられていたその縁起文は皆ことごとく消滅してしまって、ただ日本国の三字が認められるだけである。仏像の左右に願主の名が書き

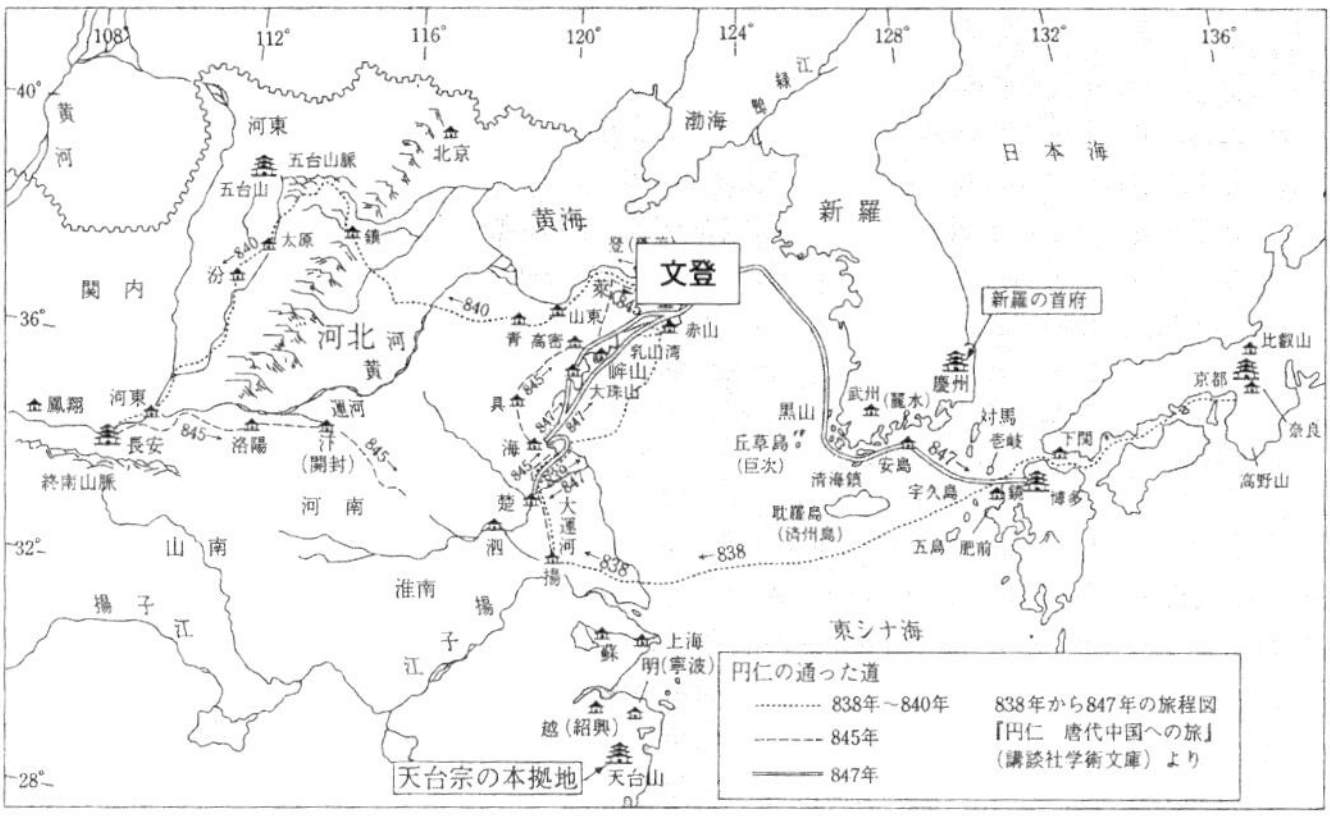

図40　円仁在唐行程図
（坂上康俊『日本の歴史05　律令国家の転換と「日本」』講談社，一部加筆）

つけてあるが、これはすべて日本国の人々の官位姓名である。録事正六位上建必感・録事正六位上羽豊翔・雑使従八位下秦六月・雑使従八位下白牛養・諸吏従六位下秦海魚・使下従六位下行散位□□度・傔人従七位下連雄貞・傔人従八位下紀朝臣貞□。尋ね問うにしてもそのころの事情を説明できるものは誰もいない。何年の朝貢使がこの州にやってきたかもわからない。

これは、円仁が開成五年（承和七年〈八四〇〉）に、文登県から五台山などへ巡礼に行く途中、登州の開元寺に宿泊したときに、日本国使が発願した浄土図と仏像があることを知り、そこに願主の日本国使の名前が記されているのを、書きとめたものである。

厳密にいえば、円仁の見たものは落書きではない。だが、これまで見てきた事例でも明らかなように、中世の仏堂に書かれた落書きの中には、巡礼者たちがみずからの名前を壁に記したものが多く、その意味では、中世の仏堂の壁に書かれた落書きと、非常によく似た性質をもつものと考えられる。以下では、佐伯有清氏の研究をもとに、ここに紹介しておきたい（佐伯有清「入唐求法巡礼行記にみえる日本国使」『日本古代の政治と社会』吉川弘文館、一九七〇年）。

『巡礼行記』の記事によれば、仏像の左右に書かれていたとされる日本国使の名前が記録されている。これを記述の順に並べると、次のようになる。

(1)録事正六位上建必感（健部朝臣人上）
(2)録事正六位上羽豊翔（羽栗翔）
(3)雑使従八位下秦六月
(4)雑使従八位下白牛養
(5)諸吏従六位下秦海魚
(6)使下従六位下行散位□□度（高元度）
(7)傔人従七位下連雄貞
(8)傔人従八位下紀朝臣貞□

さて、円仁はこれらの名前を書きとめたものの、これが、いつの遣唐使一行を指しているのか、特定することができなかったという。だがいまの私たちは、歴史書『続日本紀』などを参考にすることにより、これがいつの遣唐使であるのかを特定することができる。

遣唐使の墨書を推理する

手がかりとなるのは、(2)の「羽豊翔」と(6)の「□□度」と書かれた人物名である。『続日本紀』天平宝字五年（七六一）十一月三日条には、次のような記述がみえる。

迎藤原河清使・外従五位下高元度に従五位上を授く。その録事・羽栗翔は河清のところに留まりて帰らず。

ここには、「高元度」と「羽栗翔」の名がみえ、これが、「□□度」「羽豊翔」に対応するものと思われる。おそらく天平宝字三年（七五九）に、在唐の藤原清河《きよかわ》を迎えに行くための迎藤原河清使、高元度一行の発願によるものであることは、間違いないだろう。

また佐伯氏は、(1)の「録事正六位上建必感」を、人名表記の検討から、『続日本紀』天平宝字八年（七六四）十月庚午条に登場する「建部人上」のことであるとする。「必感」の表記は、「人上」の名前の音を写したものと考えることができることによる。彼はこのとき、藤原仲麻呂討滅の功によって、正六位上から外従五位下に叙せられている。

さらに彼はこのあと、神護景雲元年（七六七）に勅旨省《ちよくししよう》の大丞《だいじよう》となり、その後も勅旨員外少輔、勅旨少輔と、勅旨省の幹部を歴任する。またその間、宝亀九年（七七八）十一月十九日に遣労問唐使使となっている。「建部人上」が遣唐使の録事として唐に渡ったことがわかる記事は存在しない。だがこれらの役職への就任には、迎入唐大使使の録事としての経歴と経験が生かされているとみれば、ごく自然に理解できる。「建必感」もまた、天平宝字年間に活躍した「建部人上」その人を指していると考えられるのである。

かくしてここに書かれた「日本国人官位姓名」は、天平宝字三年（七五九）に迎藤原河清使として唐に渡った一行であることが、確実になったのである。

だがここでひとつ疑問となるのは、この時の遣唐使の長官が高元度であるにもかかわらず、なぜその名前が筆頭にあげられていないのか、という問題である。これについて佐伯有清氏は、興味深い指摘をしている。

円仁が記しているように、これらの日本国使の官位姓名は、仏像の左右に書かれていたのであって、おそらく四人ずつ仏像の左右に配され、(4)の「雑使従八位下白牛養」までが仏像の左、つまり向かって右側、(5)の「諸吏従六位下秦海魚」以下が、仏像の右、つまり向かって左側に記されてあったものと考えられる。そして(6)の「使下従六位下行散位□□度」の一行は、仏像の右の上段にとびぬけて書著されていたのではなかろうか。あるいはまた、(5)の秦海魚までの五名が、仏像の左側に記され、(6)以下三名が右側に記されていたということも推測でき、このようにみれば、(6)の高元度の位置が、上段にとびぬけていたというような憶測の必要はない。むしろ、あとのように考えるのが妥当かもしれない。円仁は、仏像の左右の書著されていた願主の名を仏像に向かって右側から書きとったので、『巡礼行記』では、高元度の名前が「日本国人官位姓名」の六番目になってしまったのであろう。

すなわちこの部分はかえって、円仁が仏像に記された人名を忠実に写し取った、ということを示している、というのである。

そう思ってこの記述をあらためてみてみると、「羽栗翔」を「羽豊翔」と記すなど、名前に誤字がみられる。遣唐使について予備知識もなかった円仁が、仏像の墨書を見たままに書き写した様子が目に浮かぶ。

佐伯氏は、唐で起こった安禄山《あんろくざん》の乱（七五五〜七六三）の後の不安な政治情勢の中、路次の危険から身を護る意味で浄土図が発願されたのではないか、と推定している

自分たちの身にいかなる危険がおとずれるかもわからない遣唐使・高元度たちの不安な気持ちが、浄土図や仏像の墨書にあらわれているのではないだろうか。そして、それから八十年ほどたって、求法僧の円仁がこの地を訪れ、日本国使が書いた墨書に邂逅する。彼は、すでに消えかかった墨書を何とか読み取ろうと、必死にそれを書き写したのである。そのときの円仁には、どのような思いが去来したのであろうか。

また、ここに描かれたのが、西方浄土（阿弥陀の極楽浄土）と補陀落浄土（観音菩薩を中心とし

た浄土）の図であったという点も興味深い。この点について佐伯氏は、このとき唐では、安禄山の乱後、史思明《ししめい》の乱などがあり、党内の国内情勢は不安で、危険も多かったために、唐の都長安へ向かう路次の危険から身を護るための祈願が、浄土図の発願となったものではなかろうか、と推定している。日本では、のちに十六世紀以降になって、観音信仰にともなう巡礼が各地で行われ、そのさいに仏堂への墨書が爆発的に行われるようになるわけだが、当時の社会に対する不安、危機意識と、それにもとづく信仰（観音信仰）が、仏堂に墨書する行為に駆り立てていったのではないだろうか。そんなことを考えさせられる事例である。

日本で十六世紀以降になる仏堂への落書きも、おそらくは観音信仰にともなう巡礼者たちによるものと考えられ、時代を超え、「観音信仰」「巡礼」が、落書きのキーワードであることがうかがえるのである。

巡礼した寺に文字を書き付けた八世紀の遣唐使たちと、それを読み取ろうとした九世紀の求法僧・円仁。それはあたかも、人々がお寺に巡礼した際に書きつけた江戸時代の落書きを、現代の私たちが読み取ろうとする行為にも似ている。落書きとは、過去に生きた人と現在に生きる人との対話のようなものなのかもしれない。

『入唐求法巡礼行記』の事例でもわかるように、信仰にともなう巡礼は、なにも日本国内に限ったことではなかった。時代がくだり、十七世紀になると、カンボジアのアンコール・ワットに、この地を訪れた日本人が落書きを残している。

アンコール・ワットへの巡礼と落書き

十七世紀前半には、朱印船《しゅいんせん》貿易により多くの日本人が東南アジア各地に渡航し、各地に日本人町を作るなどして商業活動を展開した。この時期、はるばる海を越えたアンコール・ワットに日本人の落書きが書かれたのは、そうしたことが背景にある。

アンコール・ワットの落書きについては、これまでに多くの研究がある。最も古い研究としては、建築学者の伊東忠太が一九一三年（大正二）に「祇園精舎図とアンコル、ワット」（『建築雑誌』三一三号）という論文を書き、水戸の彰考館《しょうこうかん》に伝わる「祇園精舎図」がアンコール・ワットの図であることと、その裏書きの文書から、長崎の大通辞《だいつうじ》・島野兼了《しまのけんりょう》が三代将軍徳川家光の命を受けて、「祇園精舎」に至り、これを写して持ち帰ったものの写しであることを明らかにした。

この当時、アンコール・ワットは、「祇園精舎」（中インドのシュラーヴァスティー（舎衛城）にあった寺院で、釈迦が説法を行ったとされる場所）であるという認識が流布していたようであり、つまりは「祇園精舎」への参詣を目的として、日本人がアンコール・ワットに訪れていたのである。

アンコール・ワットの墨書に最初に本格的に注目したのは、歴史学者の黒板勝美である。黒板は、一九二七年(昭和二)にこの地を訪れ、現物を判読した結果を「アンコールワット石柱記文について」(『史学雑誌』四一—八、一九三〇年)という論文にまとめた。このときの調査には近世史研究者の岩生成一も同行し、近世初頭における日本人の朱印船貿易や日本人町との関係から、これらの墨書に注目している(『朱印船と日本町』至文堂、一九六二年)

次いで、一九三一年(昭和六)に、美術史学者の尾高鮮之助により調査が行われた。黒板らの調査で明らかになった墨書二例に加え、一〇例にのぼる墨書を発見した(『印度日記—仏教美術の源流を訪ねて—』刀江書院、一九三二年)。

一九五八年(昭和三十三)二月には、清水潤三氏がアンコール・ワットの現地を訪れ、さらに詳細な調査を行った。その成果は「アンコール・ワットの石柱に残る日本人墨書の調査」(『インドシナ研究』有隣堂出版、一九六五年)の中にまとめられている。

だが、年代がたつにつれて墨書の遺存状況は悪くなり、判読が困難になりつつあったことから、奈良文化財研究所が二〇〇三年以降に赤外線カメラによる墨書の撮影や釈読作業を行っている(吉川聡「日本人墨書の研究」『カンボジアにおける中世遺跡と日本人町の研究』奈良文化財研究所、二〇〇八年)。以下に掲げる釈文は、この最新の調査成果によっている。

これまでのアンコール・ワットの落書き研究の中でとくに注目したいのは、清水潤三氏の研究である。清水氏は、それまでの研究をふまえ、アンコール・ワットに残る墨書について総合的に

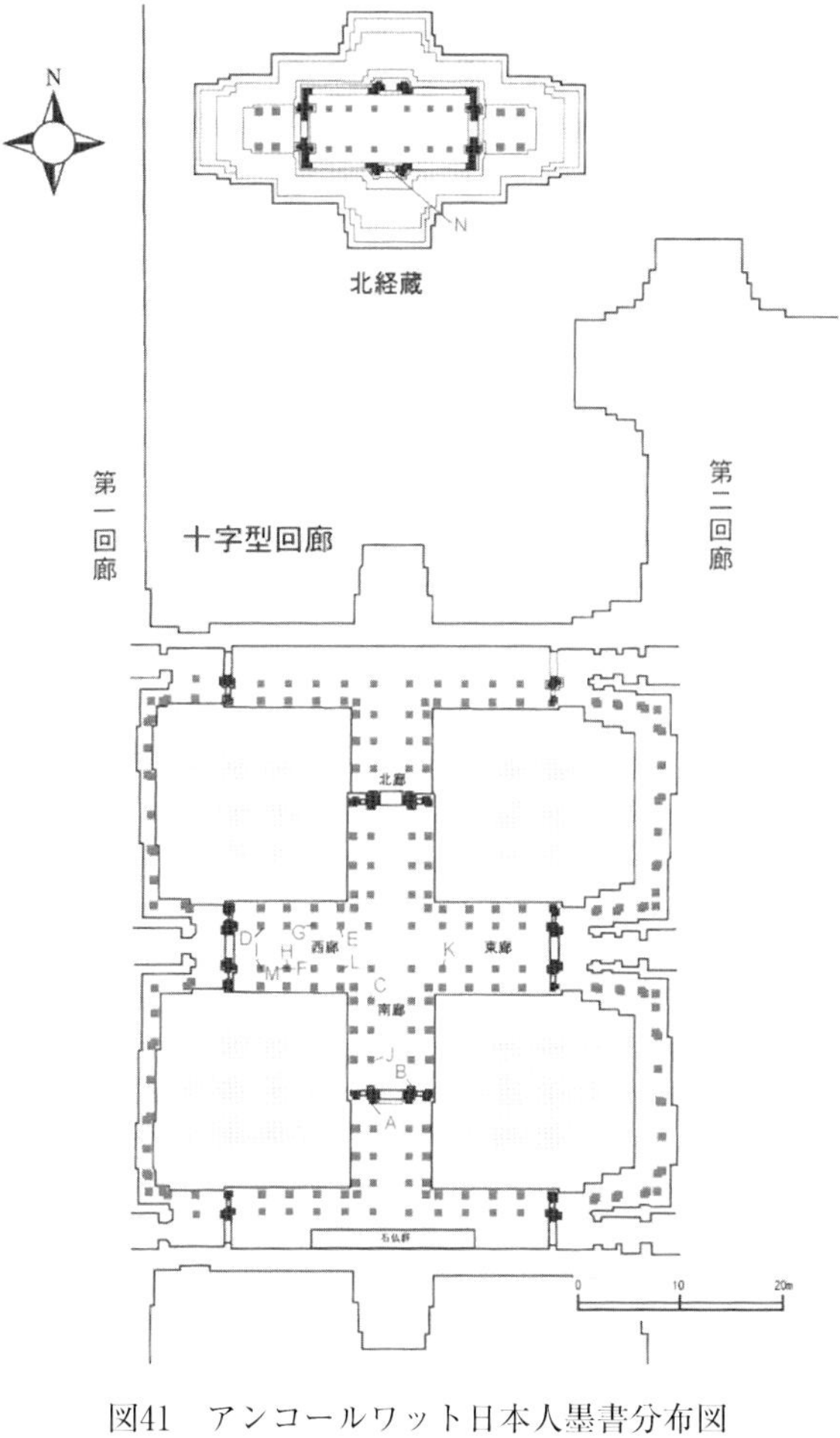

図41　アンコールワット日本人墨書分布図
(『カンボジアにおける中世遺跡と日本人町の研究』より)

検討した点で大きな意義を持つ。清水氏は述べる。

アンコール・ワットの日本人墨書が、通常の書籍、文書の類とは趣を異にし、この地に到達した日本人が、心の赴くままに記した一種の落書きで、庶民資料的な性格をもち、特殊な価値が認められることは、言うまでもない。ただ保存が悪く、完全な形で判読できないためか、従来の研究は上記の程度に止まって、十分に史料として活用されぬ憾みがあった。加えて、アンコール・ワット、ないしはクメール文化の研究そのものが、伊東博士によって、早く明治の末年に着手されながら、不思議にも進展を見ず、学者の間で真剣に取り上げられなかったのも、極めて遺憾なことであった。今次の調査団に参加し、アンコールの地において調査を行う機会をえたわれわれが、この問題に重点をおき、後述するような成果をかちえたことは、ささやかながらも、この点において意義があったといえるであろう。

以下、清水氏の研究を中心に、その後の研究成果もふまえながら、アンコール・ワットの墨書についてみていくことにしよう。

森本右近太夫一房の落書き

アンコール・ワットに残る日本人の墨書は、一四点が確認されている。このうち、寛永九年（一六三二）に同地を訪れた江戸初期の武士・肥前松浦藩士の森本右近太夫一房が、墨と筆で次のような落書きを残したことはあまりに有名である（A号、図42）。

寛永九年正月ニ初而此所ニ来ル生国日本
肥州之住人藤原之朝臣森本右近太夫
一房　御堂ヲ心□ケ数千里之海上ヲ渡一念
之儀ヲ念シ生々世々娑婆寿生之思ヲ清ル者也
為其ニ仏ヲ四躰立奉ル物也

摂州津国池田之住人森本儀太夫
右実名一吉善魂道仙士為娑婆ニ
是ヲ書物也
尾州之国名谷之都後室其
老母者亡魂明信大姉為後世ニ是
書物也
　寛永九年正月廿日

この落書きにはまず、「肥州之住人」である森本右近太夫一房という人が、寛永九年（一六三二）正月に、海を渡りこの地に訪れて、仏像四体を安置したことが書かれている。次に「摂州津国池田之住人」である森本儀太夫の娑婆のためにこれを書くとある。さらに、「尾州之国」（尾

図42　アンコールワットＡ号墨書
（『カンボジアにおける中世遺跡と日本人町の研究』より）

張）の後室、その老母の後世のためにこれを書くとある。

森本右近太夫一房の書いたものは、もう一点確認されている（N号）

□初而此所ニ来ル□
肥州之住人藤原之朝臣森本右□□
一房御堂ヲ心カケ数千里之海上ヲ渡一
念之儀ヲ念シ生々世々娑婆寿生之思ヲ
清ル者也為其　仏ヲ四躰立奉ル□□
寛永九年正月卅日

一見してわかるとおり、A号と呼ばれる落書きと同文である。ただし、A号は、十字回廊の石柱に墨書したものであるが、N号は北経蔵入り口のところに墨書したものであり、書かれた場所が異なる。またA号が書かれた「寛永九年正月廿日」から十日たった、「寛永九年正月卅日」に、N号が書かれている。

森本右近太夫一房という人物

この、森本右近太夫一房という人物は、いかなる人物であろうか。墨書に登場する森本儀太夫は、彼の父であり、加藤清正の家臣として仕えていた武将として知られる。

平戸の松浦《まつら》藩主・松浦静山《せいざん》の『甲子夜話《かつしやわ》』は、文政四年（一八二一）日十一月甲子の夜に筆を起こし、天保十二年（一八四一）六月に死去するまで、二十年間にわたって書き綴られた随筆集である。この『甲子夜話』正篇巻二一に、次のような記述がある。

清正の臣森本儀太夫の子を宇右衛門と称す。儀太夫浪人の後、宇右は吾天祥公の時お伽に出て咄など聞かれしとなり此人嘗て明国に渡り夫より天竺に住たるに彼国の堺なる流砂河をわたるとき鰕を見たるが、殊に大にして数尺に及びたりと云夫より檀特山に登り祇園精舎をも覧てこの伽藍のさまは自ら図記して携還れり。今子孫吾中にあり正しくこれを伝ふ然ども今は模写なり。

これによれば、森本儀太夫の子「宇右衛門」が、明国《みんこく》から天竺《てんじく》に渡り、そこで「祇園精舎」を見て、その伽藍の様子を図に作成して持って帰ってきたという。ここでいう「祇園精舎」とは、当時そう考えられていたアンコール・ワットのことをさすとみてまちがいない。このことから、この「宇右衛門」こそが、森本右近太夫一房と同一人物ではないか、と考えられている。

しかも興味深いのは、この「森本宇右衛門」自身が、「祇園精舎」の伽藍図を作成したと書かれていることである。この点について清水潤三氏は「彼が石柱に万感をこめて長文の墨跡を残し、その内容から推しても、憧憬と尊崇の念に、むしろ異常のものさえ感じられるところから見て、自ら絵図を作製したとする推測も、強ち否定しがたいと思う」と述べている（清水前掲論文）。

彼が作成したとされる祇園精舎の伽藍図が、水戸の彰考館に伝わる「祇園精舎図」のことであり、その作者とされる長崎の大通辞・島野兼了が、森本右近太夫一房と同一人物であるとする興味深い説もある（清水前掲論文、石澤良招「アンコール・ワットにおける日本語墨書」上智大学アンコール遺跡国際調査団、二〇〇〇年）。少なくとも森本右近太夫一房が、アンコール・ワットに一定期間滞在し、その伽藍図の作成に関わっていたことは、まちがいないようである。

このほかのアンコール・ワットの日本人墨書

森本右近太夫一房による墨書のほかにも、日本人による墨書がみられるが、いずれも断片的なものが多い。いくつかあげてみよう。

〔B号〕

寛永九年十月十五日此所一見□□□□

〔D号〕

「日本」

慶□〔長カ〕拾七

日本堺之□
□〔八カ〕

〔H号〕
慶
□〔長〕
日本堺泉□
六月

〔I号〕
日本大□
源□□□
同行　九
慶長拾七□〔年〕

〔J号〕
日本肥後国木原屋嘉右衛門尉

此所参□〔拝カ〕之心［　　］仕候
肥後□〔農カ〕［　　］
同　内儀
肥前□〔農カ〕孫左衛門尉
同　内儀

〔K号〕
　慶長拾七年七月拾日
日本城州住人
三條□□　□〔八カ〕□□□
　　　　　□□□□

〔L号〕
寛永九年［　　］
此所一見仕
□□之住人

このほか、すでに墨書が見えなくなってしまっている事例もある。

清水潤三氏は、一週間にわたるアンコール・ワットの調査で、これまで知られていなかった新たな墨書を発見する。そこには「日本」「慶長拾七」といった文字が見出され、精細をきわめた尾高鮮之助の調査でも、見落とされていたものだったという。清水氏は尾高の命名にならって、この墨書をM号と名づけた。このときの心境を、清水氏はこう書き記す。

剝落損傷が著しいとはいえ、今日まで識者の目から逃れていたのが不思議でもある。遠い南の異境に残されて三五〇年、はじめて同胞の眼に触れた筆跡、特に新たな発見を求める気もなく、いたって感受性に乏しいわたくしではあるが、なお強い感動を抑ええなかった。

だが残念なことに、その後この箇所（M号）を再調査したところ、清水氏が確認したという「日本」も「慶長拾七」も、その文字を明確に確認することはできなくなってしまったという（吉川聡前掲報告）。墨書は、時間の流れとともにその痕跡を失ってしまったのである。

だが、新たな墨書の発見、しかもそこに「日本」の文字を見出したそのときの清水氏の興奮は、先に紹介した平安時代の求法僧・円仁が「日本国」という墨書を見つけたときの興奮と重なってくる。私事だが、私が落書きの調査にのめりこんでしまったのも、こうした「発見の興奮」に魅せられたからにほかならない。

表2　アンコール・ワットの落書き

	年紀	地名
A	寛永9年1月20日	肥州
B	寛永9年10月15日	
C		
D	慶長17年8？	堺
E	慶長17年7月14日	（堺州）
F	慶長17年3？	（堺州）
G	（堺）	
H	慶長？6	堺泉
I	慶長17年	大（坂）
J		肥後・肥前
K	慶長17年7月10日	（城州）
L	寛永9年	
M	（慶長17）	
N	寛永9年1月30日	肥州

アンコール・ワットの落書きの特徴

落書きには、年紀や出身地の地名が書かれたものが多くみられ、それらをまとめると、表2のようになる。

これらからわかることは、落書きが書かれた時期が、慶長十七年（一六一七）と寛永九年（一六三二）に集中しているということである。

次に地名をみてみると、九州地方の肥州（肥前、肥後）、大坂の堺、城州（山城）といった地名がみえる。表を見て気づくのは、慶長十七年の年紀がみえる落書きには、もっぱら堺や城州などから来た人々によるものがみられるのに対し、寛永九年のそれには、肥州の森本右近太夫一房のものがみられることである。慶長十七年は、堺や山城から、寛永九年には肥州から、ある程度まとまった来訪者がいたのではないだろうか。

次に落書きの書式に注目すると、森本一房の落書きには、冒頭に「生國日本肥州之住人藤原朝臣森本右近太夫」とある。「某国住人某」という書式は、この当時の仏堂墨書の典型的な書式である。また、このほかの墨書にも、「此所一見仕候」と書かれたものがいくつかみられるが、これも、仏堂墨書によくみえる「爰元一見之時」などといった表現と類似している。

アンコール・ワットの落書きは、日本各地で参詣者による仏堂墨書が盛行する時期と一致しており、おそらくは日本で仏堂に墨書するのと同じ感覚で、落書きを残したのではないだろうか。

清水氏は、アンコール・ワットの落書きについて、次のようにまとめている。

長い纏まった文章を成すものは、A号とした森本右近太夫一房の筆跡のみで、他の多くのものは、〝日本〟、〝堺〟、〝肥後〟などのように、日本人であることを述べ、且つその住地を明らかにするもの、筆者または同行者の姓名を記すと同時に、〝此所一見仕候〟の如く、単なる記念のことばを、書き加えるに止まっている。ただ、完存していたならば、悉くが年月日を記していたと覚しく、記念的な執筆の動機からして、当然のことながら、史学研究の上で、貴重な資料たりうる点は、重視すべきであろう。ただし、一房の特殊な例を除くと、落書きの程度を出でず、今日わが国で横行し、名所旧蹟を汚す〝悪癖〟が、当時すでに顕著であったことを示しているのは、皮肉でもあって、苦笑を禁じえない。

落書きはなぜ書かれたか――巡礼と落書き

若松寺観音堂の落書き調査は、思わぬ成果をもたらした。調査を通じてわかったことは、落書きが地域を越えて、一定の書式を共有していると考えられること、また、同一の歌が全国各地の仏堂に落書きされていることなどである。しかもその落書きが書かれた時期は、十六世紀後半から十七世紀前半の間におさまっていることも確認できた。

観音信仰と西国三十三所巡礼

落書きの形式が共通していることの背景に、信仰にともなう巡礼者たちの存在が大きな役割を果たしていたことは、これまでみてきた事例から考えても、容易に想像できることである。とくに中世になって急速に全国に広まっていく三十三所の観音霊場めぐりが、落書きの広まりと密接に関係していたと思われる。

日本における三十三所観音霊場巡礼のはじまりといわれるのが、いわゆる西国三十三所である。もともと三十三所の観音霊場というのは、『妙法蓮華経（法華経）』の「観世音菩薩普門品《ふもんぼん》（観音経）」の中に、観世音菩薩が衆生《しゅじょう》を救うため、三十三身に姿を変えてあらわれる、と説かれていることに由来しているという。

西国三十三所は、伝承によれば、平安時代の十世紀頃に、花山《かざん》天皇が広めたとされているが、実際には、平安時代末期の十二世紀中頃に天台寺門派《じもんは》により組織されたことが、これまでの研究により明らかにされている。鎌倉時代に編纂された三井寺《みいでら》（園城寺《おんじょうじ》）の僧の伝記集である『寺門高僧記』には、行尊《ぎょうそん》（一〇五五～一一三五）と覚忠《かくちゅう》（一一一八～七七）といった天台宗寺門派の僧侶が、三十三所巡礼にかかわったことが記されている。このうち、『寺門高僧記』巻六の覚忠伝に引用されている覚忠の『三十三所巡礼記』に、「応保元年（一一六一）正月、三十三所を巡礼してこれを記す」とあるのを信頼に足る史料として、この時に三十三所巡礼が成立したのではないかと考えられている（速水侑『観音信仰』塙書房、一九七〇年）。ちなみに覚忠は、関白藤原忠通《ただみち》の子で、慈円《じえん》の弟である。

ただしこの時点ではまだ「三十三所」とのみ表記され、「西国」の文字が冠せられていない。「西国」を冠するようになったのは、十五世紀中葉に巡礼の民衆化が起こり、巡礼者たちの中に東国の者が増えてきたため、東国ですでに成立していた三十三所と区別する必要から、「西国」

を冠するようになったのではないかと考えられている（速水前掲書）。

巡礼の民衆化

室町時代の五山禅僧の語録には、西国三十三所巡礼の様子がうかがえる部分がある。目についたものをあげてみることにしよう。

「巡礼の人、道路織るが如し。関市相望む。小簡に「某土某人三十三所巡礼」の字を書きて、これを仏宇に貼る」（慧鳳《えほう》『竹居清事』）

「三十三所の霊異を聞きて、一々巡りてこれに礼す。（中略）爾来巡礼の人、村に溢れ、里に盈つ。背後に尺布を貼り、書きて曰く、「三十三所巡礼某国某里」と。関吏譏りて征せず。舟師憐れみてこれに賃せず」（竜沢《りゆうたく》『天陰語録』）

「国、俗にこれを三十三所巡礼と謂う。洛陽清水寺は其の一なり。（中略）かれこれ巡りて礼するは、往時と異ならず。若男若女、堂中に寓宿す」（寿桂《じゆけい》『幻雲稿』）

漢文による潤飾はみられるものの、室町時代の十五世紀半ばから十六世紀にかけて、巡礼の人々が西国三十三ヵ所の霊場に溢れていた様子が描かれている。落書きそのものについての記載はないが、札に「某土某人三十三所巡礼」と書いて仏堂に貼っていたとあるのは、壁に落書きを書く行為と通ずるものがある。

また、近世初頭成立の『中山寺縁起』（西国二十四番札所）には、巡礼のさいの禁制《きんぜい》の一つとして、「一、当寺堂舎寺院に落書せしむる事」と書かれている。このことは逆に、実態として西国三十三所巡礼にともなう落書きがかなり行われていたことをうかがわせる。

これらの史料から速水氏は、「もはや修験山伏に限らず、多くの一般民衆が巡礼に赴くさまが描かれており、五山文学特有の誇張した表現とはいえ、十五世紀を境として、今までの行者中心の三十三所巡礼が大きく変化し、「巡礼の民衆化」とでも称すべき減少が顕著になったことを窺い得るであろう」と述べ、十五世紀半ば頃から「巡礼の民衆化」が進んだことを指摘している。

東国からの西国巡礼

「巡礼の民衆化」が顕著にあらわれてくるのが、巡礼者が札所に奉納した巡礼札の存在である。巡礼札を分析した新城常三氏は、「室町末とくに永正を前後とする巡礼の盛況が窺われよう」と述べている（新城前掲書）。また速水氏は、十五世紀半ば以降の巡礼札の多くが、陸奥や出羽といった東北地方を含めた東国出身者によるものである点に注目する。しかも、その階層は、武士・僧侶・庶民など雑多である。

そしてこうした東国からの巡礼者の増加が、西国三十三所の巡礼順序の変化をもたらしたとも考えられている。三十三所巡礼の初期の順序については、覚忠の『巡礼記』に記されており、当初三十三所は、紀伊国の那智山《なちさん》からはじまり、山城の御室戸《みむろと》で終わっていた。だがこれは、現行の巡礼順序とは異なっている。これに対し現行の巡礼順序は、西国の人々には不便で、むしろ東国の人々にとってはきわめて廻りやすい順序になっている。つまり東国本位の立場から巡礼順序が変更されたと考えられるのである（速水前掲書）。その変更の時期は、現在残されている史料から、やはり十五世紀中葉から後葉にかけてであろうと推定されている。

こうした、十五世紀中葉頃からさかんになる東国の人々による西国三十三所巡礼は、やがて各地の三十三観音霊場の成立をうながしていったのではないだろうか。

巡礼札から落書きへ

このようにみてくると、巡礼札は、「巡礼の民衆化」を示す一つの重要な指標であるということができるだろう。西山克氏は、紀年銘をもつ西国巡礼札を年代別にどのように分布しているかを、一〇年刻みで整理した。その結果、残存する巡礼札はすべて一四七〇年代以降、一五五〇年代以前に集中しており、最も多量に残存しているのは、一四九〇年と一五〇〇年代という「一五・十六世紀の交りにある」ことを明らかにした。西山氏はここから、「十五・十六世紀の交りを中心に、それ以前とは比較にならないかなり多量の巡礼者の群れが、畿内や畿内近国の諸霊場を移動していた形跡がある」とまとめている（西山克「社寺参詣曼荼羅についての覚書」『藤井寺市史紀要』第七集、一九八六年）。

しかしここで一つ考えなければならないのは、巡礼札が札所に納められる時期のピークと、仏堂に落書きが書かれる時期のピークには、ズレが存在していると考えられる点である。すでにみてきたように、仏堂に落書きが書かれるピークは十六世紀後半から十七世紀前半であると考えられ、巡礼札が停滞する十六世紀後半以降に、落書きを書くという現象が盛行するのである。

すでにみたように、山形県天童市の若松寺観音堂の慶長十七年（一六一二）の納札に、いわゆる「かたみの歌」が書かれているものがあり、同じ観音堂に、やはり「かたみの歌」が書かれていることは象徴的である。つまり落書きを書くことは、巡礼をしたお寺に札を納めることと同じ行為なのである。巡礼札がすたれていくのと入れ替わるように、仏堂に落書きが書かれるようになるのは、十六世紀以降、巡礼はさらに民衆化、世俗化し、新たな段階を迎えたことを意味するのではないだろうか。

各地に広がる三十三観音巡礼

西国三十三観音霊場の影響を受けて、板東三十三所、秩父三十三所をはじめとする三十三札所がやや遅れて成立し、さらには次第に全国各地で三十三所が形成されていく。若松寺観音堂がある最上三十三観音霊場（山形県村山地方）もその一例である。その成立をめぐっては議論があるものの、最上氏の領国経営と関わって、最上氏が内陸部を平定した天正十二年（一五八四）以降、最上氏の改易《かいえき》以前の一六二二年までの間に現在の形が成立したとする説が妥当であろう（伊藤清郎「最上氏領国と最上三十三観音霊場」『村山民俗』二一、二〇〇七年）。観音霊場の落書きは、まさにこの時期の前後に集中しており、落書きが三十三観音霊場の巡礼と密接に関わっていることがうかがえる。

むろん山形県村山地方では、最上三十三観音霊場が成立する以前から、観音巡礼は行われていた。すでにみたように、若松寺に残る納札の中には、西国三十三ヵ所の巡礼に赴いた地元の者が成就記念に納めた札が残っており、最古の年紀として延徳四年（一四九二）のものが確認されている（『山形県史　古代中世史料2』一九七九年。『特別展　若松寺の歴史と遺宝―若松観音一三〇〇年のあゆみ―』山形県立博物館、二〇〇七年）。十五世紀末の時点で、若松寺は観音霊場として地域社会の中で強く認識されていたのである。

三十三所巡礼と落書きの関係という点でいえば、次の資料も参考になる。板東三十三観音霊場の二十番札所の西明寺《さいみょうじ》（栃木県益子町）の本堂板壁には、明応三年（一四九四）のものと思われる「板東三十三所巡礼」と書かれた落書きが残っている。さらに同町の地蔵院本堂にも、「奥州いく」（伊具）の者が書いたと思われる「板東巡礼之時天正三年〈乙亥〉五月十五日」と書かれた落書きや、

板東卅三所巡礼幸祐
上州箕輪山法峯寺衆分正覚坊
深入禅定
見十万仏
上州住人四島太郎五郎
命禄三壬寅三月三日

といった落書きが残っている（加藤諄・熊谷幸次郎「中世金石文に関する二三の発見」『日本歴史』八七、一九五五年）。地蔵院じたいは札所ではないが、板東三十三所巡礼にともなって書かれている

ことが明記されていることは興味深い。

　この地蔵院本堂の落書きを調査した加藤諄・熊谷幸次郎両氏によると、ここには「上州」「武州」「奥羽いく（伊具）」「山城国」「日光」「宇都宮戸祭」「越後国国分寺」「上総国」「下野なす（那須）」「下野茂木」「岩城」などの地名が書かれており、広範な地域から人々が参詣に訪れていたことがわかる。

　また、落書きが書かれた年代について両氏は、次のように推定する。

　まず年代の上限については、この本堂が再建された文明年間以降であるとしている。では、下限はどうだろうか。

　手がかりの一つは、先にあげた「命禄三壬寅三月三日」銘をもつ落書きである。「命禄」は天文九年（一五四〇）より始まる私年号とされており、命禄三年は天文十一年（一五四二）であると考えられる。このほかにも、落書きに書かれている年号は室町時代末期に集中しており、江戸時代に属する年号はないことを指摘している。したがって、年代の下限は、江戸時代の初期を降ることはない、としている。こうした落書きの年代観は、これまで見てきた各地の仏堂の落書きの年代観とも、一致している。

　加藤、熊谷両氏は、仏堂の壁板に書かれた落書きについて、「壁板の分は巡礼者が堂籠りの徒然に、また記念に書いたものであることは、その文句から判断され、単なる戯れ書きの類ではない」と述べている。「単なる戯れ書きではない」という視点は、これだけの数の仏堂落書きの存在が明らかになった現在、あらためて評価すべきである。

先にも指摘したように、こうした落書きは、落書きというよりもむしろ、巡礼札（納札）の代わりに書かれたもの、と考えるべきであろう。その意味で、巡礼者の納札と、堂内への落書きは、やはり同様の意味を持っていたと考えるべきである。

この点に関して、新城常三氏は、次のように述べている。

納札は姓名・出身地を仏に告げ、仏の永久的加護と結縁とを期待する信仰心理に基づく行為であろうが、この納札心理は、落書に一脈通ずるものがある。参詣者による社寺堂宇の落書は、平安時代以来諸方に見られるが、元亀のころ、四国遍路が土佐一宮の壁板に記した「かきをくもかたみとなれや筆の跡我はいつくの土となるとも」との落書心理は、現在なお変りない。西国巡礼の納札もまた、巡礼行為の記念碑的意義を持つもので、落書が主に人を意識しての行為に対し、納札は仏を対象とし、巡礼という一時的行為を永久化し、仏との永遠的結縁を企図したものであろう（『新稿　社寺参詣の社会経済史的研究』塙書房、一九八二年）。

巡礼にさいしての納札、そして落書きは、同様の行為として捉えるべきものなのである。そして落書きという行為は、観音信仰にもとづく巡礼が民衆化し、さらに全国化したことにともなって、またたく間に全国に広まっていくのである。

次にこうした巡礼の人々が、落書きに書く文字を、どのようなものとして認識していたのかを考えてみよう。江戸時代初期に成立した笑話集『醒睡《せいすい》笑《しょう》』巻之三「文の品々」には、じつに興味深い話が残されている。

『醒睡笑』にみえる巡礼者の落書き

さもとらしき女房の、下衆《げす》なとつれたるが、清水寺《きよみずでら》に詣《もう》で来て、舞台のこなたかなた立ちやすらひしか、順礼《じゅんれい》の、矢立《やたて》をさし、侍《さむらい》めけるあるを見つけ、下衆をつかはしたのみやう、「ちかごろはばかり覚え候へども、人のくれし文のかへり事、誰頼まん者もなし。ひたすらに扶持《ふち》を得ん」とあれは、とやかうの斟酌《しんしゃく》におよばず、かたはらに至りぬ。女房懐より料《りょう》紙《し》取出しわたし、いろいろの文を好む。かの順礼はいろはをさへ習はぬ者なりしが、今度西《さい》国物詣《こくものもうで》の楽書をせんまでに、「筑後の国の住人柳川のなにがし」と、これよりほかは一字もなし。黒みすぐるほど、紙一かさねに書きくどきたる文のうち、いづれもいづれも、「筑後国の住人柳川のなにがし」と、上書《うわがき》ともにこれなれば、恋のさめたる風流や。（安楽庵策伝著、鈴木棠三校注『醒睡笑（上）』岩波文庫、一九八六年）

（由緒ありげな女房が、下女などをも連れて清水寺に参詣し、舞台のあちこちを歩いては休んでいたが、ちょうどそこへ、矢立を腰にさした巡礼で、素性は侍らしく仁体なのが居るのを見掛けて、下女にいわせるには、「近頃恐縮でございますが、人から参った手紙の返事の代筆を頼む者がありません。どうぞお力添えくださいませ」とたのむ。巡礼はあえて辞退するでもなく、その傍に行くと、女房は懐から用紙を出し、いろいろ希望の文言を注文する。ところがこの巡礼、実はいろはさえ習ったことのない者であったが、今度の西国巡礼に際し、そちこちで楽書する目的で、「筑後の国の住人柳川のなにがし」という字だけ習って来た。ほかには一字も知らない。そこで紙が真っ黒になるほど書いた手紙というのが、どれも全部、「筑後の国の住人柳川のなにがし」だけで、上書きまでこれだったとは、まことに恋のさめる風流であった）

（鈴木棠三訳『醒睡笑』平凡社東洋文庫、一九六四年）

『醒睡笑』は、元和九年（一六二三）の序があることから十七世紀前半に成立した作品であり、本稿で紹介している仏堂墨書の事例の時期と重なっている。その点をふまえた上でこの話を読むと、いくつか興味深いことがわかる。

まず、巡礼者は、巡礼した寺でいつでも「楽書」できるように、矢立《やたて》を持っていた、ということである。巡礼者たちが、寺に落書きすることは、ごく自然のことと考えられていたのである。

さて、この話に登場する巡礼者は、「筑後の国の住人柳川何某」というフレーズ以外に、文字が書けなかったとある。しかも、このフレーズは、現実の仏堂落書きの書式とも一致しており、この話が、それなりのリアリティをもって受け止められていたことを示している。

仏堂の落書きが定型化する理由がこの笑い話からうかがえる。すなわち、巡礼者は必ずしも文字に習熟している人ばかりではなかった。あらかじめ、落書きとして書くべき文字だけを習ったうえで、巡礼にのぞんだ人も多かったのではないだろうか。

仏堂の壁にしばしば「いろはにほへと」などが記されるのも、文字に習熟していない巡礼者が手習いとして覚えた文字を、落書きとして書き付けた結果ではないだろうか。文字に習熟している人ならば、このような手習いを書き付ける必要はないからである。

「かたみの歌」が、全国の仏堂の壁に書かれるのも、巡礼者の識字の問題とかかわっているものと思われる。巡礼者たちの間で定型化された歌が共有されたのは、この歌が、巡礼者たちにとってあるいは手習いの歌としての意味をもっていたのではないだろうか。

十六世紀後半以降、巡礼者が爆発的に増加していく中で、文字の習熟していない人々が巡礼に参加する機会が増える一方、こうした巡礼先で、落書きするという行為が爆発的に増えていった。人々は、巡礼したことを形見に残すために、書きなれない文字をさかんに書き付けていったのである。そしてその背後には、この時代における信仰や巡礼者層の広がり、文字にはじめて触れた人々による、文字への執着などがあったとも考えられる。さらには、巡礼を通じた情報伝達の威力も落書きからうかがえる。いずれにしても、落書きの分析は、中世から近世にかけて生きた人々の心性をさぐる上で、きわめて興味深い歴史資料といえるのである。

筆跡を残す

『醒睡笑』には、もう一点、注意をひく記述がある。それは、「さもとらしき女房」が、巡礼者である「侍」に、手紙の返事の代筆を頼んだ、というくだりである。

ところで、これまで確認されている仏堂の落書きを見てみると、女性が書いた落書きはほとんど確認されていない。藤木久志氏によると、山形市蔵王半郷にある松尾山観音堂（最上三十三観音第九番札所）にある「上山…なかみね八郎女」の一例のみが確認されるだけで、ほとんどみることができない。「女性の旅も当然あったはずだから、これから、各地で各地で古建築の調査がもっと進めば、女性の落書の例も増えるにちがいない」とするが、この点についてはどのように考えたらよいだろうか。

『醒睡笑』の話からすると、女性がみずからの筆で書いた落書きが残っていないのは、偶然ではなく、書き残せなかった何らかの事情があった、とも思えてくる。

ただ、このことは、必ずしも識字率の問題としてのみとらえるべきものではない。たとえば古代史の分野では、次のような議論がある。

吉川真司氏は、後宮女性たちが文字利用の機会が少なかった理由のひとつとして、「後宮女性にとって自分の筆跡を人目にさらすことは、顔を見せるのと同様に具合の悪いことだったのではあるまいか。自ら筆を執らず、下級書記官に口頭で伝えて文字化させることは、その人物の高貴性の表現であったと考えられるのである」と述べている（「女房奉書の発生」『律令官僚制の研究』塙書房、一九九八年）。『醒睡笑』にみえる女房も、文字が書けなかったわけではなく、自ら筆を執ることをしなかった、ということにすぎないのではあるまいか。女性の落書きがほとんどみられないのも、「筆跡を残す」ことに対する抵抗が強く存在した可能性は考えられないだろうか。裏を返せば、落書きをすることで残したかったのは、「筆の跡」、つまり、自分自身の筆跡だったのではないだろうか。

いずれにしても、落書きは、文字そのものに対する人々の意識を垣間見ることのできる格好の資料であると思わずにいられない。

社寺参詣曼荼羅にみえる「落書きする巡礼者」

ところで、巡礼者が落書きをしている様子が、十六世紀後半から十七世紀前半に各地でさかんに作られた社寺参詣曼荼羅の中にみえている。筆者が確認したところでは、葛井寺《ふじいでら》参詣曼荼羅《さんけいまんだら》（大坂、葛井寺蔵）、清水寺《きよみずでら》参詣曼荼羅（滋賀、中島家蔵）、善峰寺《よしみねでら》参詣曼荼羅（京都、善峰寺蔵）、成相寺《なりあいじ》参詣曼荼羅（京都、成相寺蔵）などに、仏堂に落書きをしている巡礼者の姿が描かれている。

社寺参詣曼荼羅は、十六世紀後半（初出は永禄十一年）から十七世紀後半（寛文～元禄期）という一時期に作られ、まさに「中世から近世へという過渡期の時代的所産」（福原敏男「概説」大阪市立博物館編『社寺参詣曼荼羅』平凡社、一九八七年）と評価される。そしてこの「参詣曼荼羅の時代」と、巡礼者たちが各地の仏堂で落書きをする時期がほぼ重なっていることにも、注意を払わなければならない。「参詣曼荼羅の時代」は、同時に「落書きの時代」でもあったのだ。

図43　葛井寺参詣曼荼羅
（部分，『社寺参詣曼荼羅』平凡社より）

今まで、「残された落書き」ばかりを見てきた私たちは、ここへ来てようやく、落書きを書く人々に出会うことができた。社寺参詣曼荼羅には、「残された落書き」と同時代の人々の、生き生きとした様子が描かれている。ここであらためて私たちは、落書きがまぎれもなく、その時代に生きた人々の行為であったことを、知るのである。

人はなぜ落書きを書くのか――エピローグ

仏堂に書き残された落書きをめぐる旅は、これでひとまず幕を閉じる。

私が落書きの調査をしていくなかで最も驚いたのは、「かたみの歌」が、各地の仏堂の落書きに書かれていた、という事実であった。

落書き、この民衆のエネルギー

書きおくも形見となれや筆の跡我はいづくの土となるとも

なぜこの歌が、これほどまでに広まったのであろうか。

当時の人々の「書く」という行為に、「形見」としての意識が強くはたらいていたことは、この歌から容易にうかがえる。だがそれだけではない。「我はいづくの土となるとも」、つまりそこには、自分がいつどこで命を終えるかも知れないという、当時の不安な社会情勢もまた、そこに読み取ることができるのではないだろうか。

新潟県の平等寺《びょうどうじ》薬師堂に残されていた落書きは、戦乱に巻き込まれた人たちがひとときの安息を求めて薬師堂に逃れ、そこに、自分たちの記録や思いを書き付けていった。人々を落書きにかり立てていったのは、そのような社会に対する不安だったのではないだろうか。自分の名前の後に書いた「かたみかたみ」というフレーズは、この筆跡が自分の死後も残ってくれるように念じた、呪文のようにも思えるのである。そのような中で、「かたみの歌」は、人々の共感を得て、たちまちに広まっていったのではないだろうか。

そして皮肉と言うべきか、民衆の社会不安は、一つのエネルギーとなって、「かたみの歌」の広まりという大きなうねりを生むのである。

なぜ落書きは盛行したのか

ではなぜ、十六世紀後半から十七世紀前半にかけて、「書く」という行為が「かたみ」であると認識されるようになったのか。

その謎を解く鍵は、先ほど紹介した『醒睡笑』の笑い話にあると思う。この時期、巡礼をする人々は、必ずしも文字に習熟している人々というわけではなかった。言いかえれば、文字に習熟していない人々までもが、巡礼にかりたてられた時代が、この「落書きの時代」だったのである。

巡礼という非日常の場であったからこそ、彼らはそこに伸び伸びと落書きを書いたのである。そこには、文字というものに対する当時の人々の意識が、垣間見られるように思う。それは、プロローグで紹介した、暴走族の落書きにも、一脈通じるものである。

天童市の若松寺観音堂をはじめとして、十六世紀後半から十七世紀前半頃の「中近世の交わりの時期」に書かれた落書きを見て実感することは、文字が大ぶりで、実に伸びやかであるということである。ところが、同じ仏堂に近世後期や明治以降の落書きが残っている場合があり、それを見ると、文字が小さく、伸びやかさがあまり感じられない。落書きの書風も、時代によって異なっているのである。「中近世の交わりの時期」の落書きの伸びやかさは、巡礼という非日常の世界での、文字を書くことへの解放感をあらわしているようにも思われる。

なぜ出身地や名前を書いたのか

先に紹介した『醒睡笑』の笑い話の中に、「筑後の国の住人柳川のなにがし」としか書けなかった、という記述がある。実際の落書きの中にも、「○○の住人某」というパターンが圧倒的に多い。なぜ落書きに、自分の出身地と名前を書いたのだろうか。

新城常三氏が「納札は姓名・出身地を仏に告げ、仏の永久的加護と結縁とを期待する信仰心理に基づく行為」であると述べているのは示唆的である（新城前掲書）。出身地と名前を文字化することで、それを書いた本人を特定することができるのである。それによりはじめて、仏の永久的加護を受けることができると考えられていたのではないだろうか。

時代はさかのぼるが、平安時代初期に編纂された仏教説話集『日本霊異記《にほんりょういき》』の中巻第二五に、

「閻羅王《えんらおう》の使いの鬼の、召さるる人の饗《あえ》を受けて、恩を報いし縁」と題する、次のような説話がある。

讃岐国山田郡に、布敷臣衣女《ぬのしのおみきぬめ》という人がいた。聖武天皇の時代に、たちまち病にかかってしまった。そこでごちそうを用意して、門の左右に祭り、疫神《えきしん》に賂《まいな》して饗した。閻羅王の使いの鬼が衣女の家にやってきて、あの世に連れていこうとした。その鬼は、走り疲れていたので、門のところにあったごちそうを食べてしまった。鬼が衣女に言った。「私はおまえの饗を受けてしまった。だからおまえの恩に報いてやろう。ひょっとして同じ姓、同じ名の人はいないか」。

衣女は、「同じ国の鵜垂《うたり》郡に同姓の衣女という名前の人がおります」と答えた。そこで鬼は、鵜垂郡の衣女を冥界《めいかい》に連れて行ってしまった。

ところが、閻羅王は、それが山田郡の衣女ではないことに気づいた。そこで再び使いの鬼に、山田郡の衣女を連れてくるように命じた。そこで今度は、山田郡の衣女を連れてきた。閻羅王は、山田郡の衣女とひきかえに、鵜垂郡の衣女を帰してやることにしたが、彼女が家に帰ると、自分の身はすでに焼かれてしまっていた。そこで鵜垂郡の衣女は再び冥界にもどり、閻羅王に「体がなくなってしまい、帰る場所がありません」と訴えた。

そこで閻羅王は、山田郡の衣女の体に、鵜垂郡の魂を戻すことにした。すなわち、山田郡の衣女は、鵜垂郡の衣女の魂が吹き込まれて生き返ったのである。

生き返った山田郡の衣女は、目ざめると、「ここは私の家ではない。私の家は鵜垂郡です」と言った。父母は、「何を言っているんですか。あなたは私たちの娘ですよ」というが、衣女は聞き入れず、鵜垂郡の衣女の家に行き、「まさにここが私の家です」と言った。「あなたは私の子ではありません。わが子は火葬にしてしまいましたよ」と言う両親に、衣女は冥界での閻羅王の言葉をつぶさに伝えた。

山田郡と鵜垂郡の家の父母はこれを聞いて「なるほど」と納得し、二つの家の財産を衣女にさずけた。こうして衣女は、四人の親と、二つの家の財産を得たのである。

饗をもうけて鬼に賂することは、功徳が空しいことを意味しない。一般的にいって財物を持っている人は、やはり供え物をしてごちそうするのがよい。

閻羅王の使いの鬼が、山田郡の「布敷臣衣女」と同姓同名の、鵜垂郡の「布敷臣衣女」をあの世に連れてきてしまったが、閻羅王はそのことに気づき、鵜垂郡ではなく、山田郡の「布敷臣衣女」を連れてくるように命じたという内容である。

つまり、名前だけの情報では、同姓同名の別人物と間違われる可能性があるので不十分なのであり、本人を特定するためには、名前だけではなく、本貫地《ほんがんち》の情報も必要だったのである。

説話からうかがえる、古代の人々の意識を裏づけるかのように、八～九世紀の遺跡から出土する墨書土器の中には、本貫地と名前を書いたものがある。

「村上郷丈部国依甘魚」（千葉県八千代市権現後《ごんげんうしろ》遺跡、土師器坏《はじきつき》の体部外面に墨書）

「磐城（郡）磐城郷丈部手子万呂『召代』」（福島県いわき市荒田目《あつため》条里《じょうり》遺跡、土師器鉢形の体部外面に墨書）

「下総国印旛郡村神郷丈部□□進上[　]」（千葉県八千代市上谷《かみや》遺跡、土師器坏の体部外面に墨書）

これらは、個人の延命をはかるために、神仏に飲食を提供する祭祀を行ったさいに使われた土器に記されたものと思われる（平川南「〝古代人の死〟と墨書土器」『墨書土器の研究』吉川弘文館、二〇〇〇年）。「甘魚」は、神仏に提供した食物と考えられ、「召代」「進上」は、自分が冥界に召される代わりに、飲食を神仏に進上したことを示す表現であると考えられる。まさに、『日本霊異記』の世界を体現するかのような内容である。その際に、神仏に食物を供献するための土器に本貫地と姓名が書かれるのである。

仏堂に出身地（本貫地）と名前を書く行為は、神仏に対して自分自身を特定させることにより、神仏の加護を目的とする意味をもっていたのではないだろうか。もちろん、古代の墨書土器と、中近世の落書きは、時代も、そして信仰の形態も異なる。しかし、そこには共通して、文字を記すことで自らの存在を神仏に伝えようとする意志が存在する。両者には、通底する意識が存在するように思えてならないのである。

落書きを読み解くことの意味

中国では、文字は呪術性と不可分な形で生み出されたとも言われている（阿辻哲次「人は何のために文字を書いたか―中国での文字の発生―」『古代日本　文字の来た道―古代中国・朝鮮から列島へ』大修館書店、二〇〇五年）。文字は、いわば神とのコミュニケーションの手段として発明されたのである。そのため、文字には単に「伝える」という手段以上の力があると思われていた。人々が仏堂にこぞって落書きを書いたのは、文字を手にしたばかりの人々が、文字の力を借りて、仏との対話を試みた行為にほかならないともいえる。

そう考えると、「落書きとは、最も原初的な意味で、人が文字と向き合う行為である」、といえるのではないだろうか。

落書きが、品のない行為としてしばしば貶められるのも、それが人と文字にかかわる、きわめて原初的な行為であることを、私たちが自覚しているからにほかならないからではないだろうか。

だがそれゆえに、落書きは、人間の意識の最も深い部分をさらけ出すのである。文書や記録では、絶対にうかがい知ることのできない世界が、落書きにはあるのだ。これを読み解くことで、私たちは過去に生きた人々の、意識の深い部分にまで、思いを致すことができるのではないだろうか。

あとがき

本書を書くきっかけとなったのは、プロローグでも述べたように、山形県天童市の若松寺観音堂に残る落書きを調査したことだった。

川崎利夫氏をはじめとする調査委員会による共同調査がなければ、これほどの成果はあがらなかっただろうと思う。とりわけ、文字の解読や解釈にあたっては、野口一雄氏や市村幸夫氏と議論を進めながら行った。報告書が刊行されたあとも、野口氏や市村氏には私の問題関心を面白がっていただき、山形県内のほかの仏堂調査にもご一緒させていただいた。そしてそのつど、村山民俗学会で発表の機会を与えていただいたことは、本書をまとめる原動力になったのである。ここに記して、深く感謝したいと思う。

いつか政治史や制度史とは対極にある歴史を叙述してみたい、と思っていた私にとって、落書きという資料に出会ったことは、必然だったのかもしれない。しかもその一つ一つは、きわめて断片的な資料である。過去の人びとがわずかに書き残した資料を読み解きながら、その当時に生きた人びとの豊かな心象世界を復元していく。それはまさに、私が理想とする歴史の叙述方法である。その試みが、本書でどれほど達成されたのかは心もとないが、落書きというよき資料との出会いに、感謝したいと思う。

落書きの研究を進めてきて痛感することは、この分野が、さまざまな意味において可能性を秘めた分野であるということである。私個人の研究などはたかがしれている。歴史学のみならず、古典文学や民俗学や考古学など、さまざまな学問分野の研究者で共同研究すれば、もっといろいろなことがわかるのではあるまいか。また、全国に残る仏堂の落書きを、個人ではなく共同で調査を行ったら、もっと数多くの事例が積み重ねられ、「落書きの資料論」が、より精緻なものになるのではないか。そんな思いが募る。

その一方で、この研究が、どれほどの人たちに理解されるのかという不安もある。政治史や制度史、経済史など、歴史学の王道といわれるような分野からはほど遠い。面白いと思っているのは、私だけなのではないかと、ときどき思うことがある。

しかし、こうも思う。もともと私が研究対象としていた古代の木簡とか墨書土器といったものも、古文書のように伝えられてきたものではなく、用済みになったあとに廃棄された資料群である。いわばゴミとして捨てられていた木簡や墨書土器は、いまでは古代社会を解明するためになくてはならない資料群なのである。

落書きもまた、同じではないか。これまで顧みられることのなかった資料に光をあて、そこから過去の社会の多様な情報を引き出すという点において、いずれの資料も等しい価値を持つのである。つまり問われているのは、資料に向き合う研究者の姿勢のほうなのである。

本書を書き終えた今思うのは、そんなあたりまえのことである。

本書の刊行にあたっては、吉川弘文館編集部の一寸木紀夫氏にたいへんお世話になった。執筆依頼を受けたのは何年前のことだったか。もともとは別のテーマで依頼されたものを、こちらのわがままでテーマを変更させてもらい、そこからさらに数年の歳月が流れた。原稿は遅々として進まず、何度も心が折れそうになったが、そのたびに一寸木氏から粘り強く催促していただいた。また、本書の編集にあたっては、石津輝真氏にたいへんお世話になった。ここに記して感謝申し上げたい。

二〇一四年一月

三上喜孝

著者紹介

一九六九年、東京都に生まれる
一九九二年、東京大学文学部卒業
一九九八年、東京大学大学院人文社会系研究科博士課程単位取得退学
山形県立米沢女子短期大学講師、山形大学人文学部准教授を経て、
現在、国立歴史民俗博物館准教授、博士（文学）

主要著書
『日本古代の貨幣と社会』（吉川弘文館、二〇〇五年）
『Jr.日本の歴史2　都と地方のくらし　奈良時代から平安時代』（共著、小学館、二〇一〇年）
『日本古代の文字と地方社会』（吉川弘文館、二〇一三年）

歴史文化ライブラリー
375

落書きに歴史をよむ

二〇一四年（平成二十六）四月一日　第一刷発行

著　者　三《み》上《かみ》喜《よし》孝《たか》

発行者　前田求恭

発行所　株式会社　吉川弘文館
東京都文京区本郷七丁目二番八号
郵便番号一一三―〇〇三三
電話〇三―三八一三―九一五一〈代表〉
振替口座〇〇一〇〇―五―二四四
http://www.yoshikawa-k.co.jp/

印刷＝株式会社 平文社
製本＝ナショナル製本協同組合
装幀＝清水良洋・宮崎萌美

歴史文化ライブラリー

1996.10

刊行のことば

現今の日本および国際社会は、さまざまな面で大変動の時代を迎えておりますが、近づきつつある二十一世紀は人類史の到達点として、物質的な繁栄のみならず文化や自然・社会環境を謳歌できる平和な社会でなければなりません。しかしながら高度成長・技術革新にともなう急激な変貌は「自己本位な刹那主義」の風潮を生みだし、先人が築いてきた歴史や文化に学ぶ余裕もなく、いまだ明るい人類の将来が展望できていないようにも見えます。このような状況を踏まえ、よりよい二十一世紀社会を築くために、人類誕生から現在に至る「人類の遺産・教訓」としてのあらゆる分野の歴史と文化を「歴史文化ライブラリー」として刊行することといたしました。

小社は、安政四年（一八五七）の創業以来、一貫して歴史学を中心とした専門出版社として書籍を刊行しつづけてまいりました。その経験を生かし、学問成果にもとづいた本叢書を刊行し社会的要請に応えて行きたいと考えております。

現代は、マスメディアが発達した高度情報化社会といわれますが、私どもはあくまでも活字を主体とした出版こそ、ものの本質を考える基礎と信じ、本叢書をとおして社会に訴えてまいりたいと思います。これから生まれでる一冊一冊が、それぞれの読者を知的冒険の旅へと誘い、希望に満ちた人類の未来を構築する糧となれば幸いです。

吉川弘文館

〈オンデマンド版〉
落書きに歴史をよむ

On Demand
歴史文化ライブラリー
375

2022年（令和4）10月1日　発行

著　者　三《み》上《かみ》喜《よし》孝《たか》
発行者　吉川道郎
発行所　株式会社　吉川弘文館
〒113-0033　東京都文京区本郷7丁目2番8号
TEL　03-3813-9151〈代表〉
URL　http://www.yoshikawa-k.co.jp/

印刷・製本　大日本印刷株式会社
装　幀　清水良洋・宮崎萌美

三上喜孝（1969～）

ISBN978-4-642-75775-1